춘천

D

D

대한민국 도슨트
한국의 땅과 사람에
관한 이야기

04

춘천

전석순 지음

21세기북스

춘천 행정 지도

인구 28만 5,644명 (2019년 12월 기준)
면적 1,116.83㎢
행정구분 1읍 9면 15동

사북면

북산면

소양호

북한강

신북읍

소양강   소양댐

서면

춘천역 •   강원도청
        ■ 춘천시청

동면

동내면

남산면   신동면

동산면

─ 남이섬

남면

서면

신사우동

상중도

동면

근화동

봉의산

■ 춘천소방서

후평1동

하중도

춘천역 ◉

● 한림대학교

의암호

● 강원도청

소양동

■ 춘천시청

● 춘천평화생태공원

교동

후평2동

공지천유원지

조운동

효자3동

약사명동

● 춘천닭갈비골목

후평3동

상상마당 춘천 ●

● 춘천문화예술회관

에티오피아 한국전 참전 기념관

효자1동

효자2동

● 강원대학교

■ 춘천지방법원

남춘천역 ◉

● 춘천국립박물관

● 시외버스터미널

석사동

강남동

퇴계동

경춘선

동내면

신동면

안마산 ▲

김유정역 ◉

● 김유정문학촌

N

차례

'춘천 도슨트'
전석순

여전히 춘천에 있나요?

안부 뒤에 이어지던 목소리에 번번이 머뭇거렸다. '그냥…'이라고 얼버무리다 얼마간 견고해진 목소리로 '고향이니까요'라고 대답하곤 했다. 그래도 어딘지 모르게 모자란 것 같아 '좋아서'라고 덧붙일 때도 있었다. 그동안 춘천을 떠났던 사람들에게는 저마다 뚜렷한 이유가 있었다. 하지만 춘천에 남은 나의 이유는 호수가 피워 올린 안개 속을 서성이고 있는 것처럼 뿌옇기만 했다. 어쩌면 이 책이 내가 전하는 가장 촘촘하고 다정한 대답이 되어줄지도 모르겠다.

춘천시청 근처 세탁소에 딸린 단칸방에서 태어나 유년시절을 통과했다. '강원도 춘천시 조양동 92-1 3통 4반'은 나의 첫 주소였다. 그때부터 수많은 처음에 춘천이 있었다. 처음 본 영화, 처음 맞은 눈, 처음 마셔본 원두커피, 처음 가본 섬 그리고 처음 좋아했던 사람까지 모두.

대학교에 다니던 시간을 빼면 늘 춘천에 있었다. 대학생일 때도 거의 매주 춘천에 내려와 시간을 보냈다. 춘천에서 하는 일이라곤 특별할 게 없었다. 지난주보다 조금 더 짙게 물든 은행나무를 쓰다듬거나 예전에 살던 동네를 가봤다가 아버지의 세탁소에서 밖을 내다보는 게 전부였다. 그사이 많은 도시를 돌아다니며 장면을 수집하는 것만큼, 한 도시에 머물며 변화를 차곡차곡 간직하는 일이 귀하다는 것을 깨달았다.

언젠가 오롯이 춘천에 대한 이야기를 쓰고 싶었지만 매번 망설이다가 돌아섰다. 아직은 문장이 덜 익어서 혹은 나중에 더 잘 쓸 수 있을 것 같아서였다. 이 자리를 빌어 그 망설임에 공감해주고 함께 고민해준 편집부에 깊은 감사를 드린다. 덕분에 지금 이 순간의 춘천에 스며들 수 있었다.

모든 이야기는 춘천에서 써졌다. 어느 카페 구석진 자리에 웅크리고 앉아 호젓한 호수를 내다보면서, 길가 벤치에 앉아 기울어진 햇빛으로 시간을 가늠하면서, 도서관 열람실에서 종일 기록을 뒤적이면서. 그 과정에서 춘천에서 머물렀던 시간에 다채로운 색이 입혀졌다. 시선이 깊어졌고 미처 발견하지 못했던 샛길을 엿볼 수도 있었다.

내가 살아보지 못한 춘천의 과거와 공간에 대해서는 기사, 인터뷰, 단행본, 영상을 비롯한 수많은 자료에서 도움을 받았다. 이야기의 연결고리가 매끄러워지고 매듭이 단단해진 것은 그 덕분이다. 그 과정에서 다양한 해석이나 서로 다른 정보는 되도록 모두 담으려 했다.

글을 쓰는 동안 춘천에 살거나 살았던 당신과 몇 번쯤 여행 왔던 당신, 그리고 언제고 꼭 한 번 춘천에 오고 싶다는 당신과 오랫동안 이야기를 나눴다. 그렇게 이어진 대화들이 글의 밀도를 높여줬다. 따뜻하게 오갔던 목소리가 이 책 안에서도 온기를 잃지 않았으면 좋겠다.

나의 첫 주소였던 세탁소는 이제 사라졌다. 몇 년 전 지도에서나 찾아볼 수 있을 뿐이다. 춘천의 수많은 공간이 사라졌고 사라지는 중이고 사라질 것이다. 그래서 오랜만에 춘천에 온 당신에게 없어졌다거나 이제는 갈 수 없다고 해야 할 때가 잦았다. 이 글은 '사라졌다'고 말하는 대신 낼 수 있는 내밀한 목소리다. 동시에 아직 남아 있거나 남아 있어야 하는 공간에 덧붙이는 간절한 목소리이기도 하다. 더 많은 공간을 담아내지 못한 아쉬움도 함께 담았다.

그 목소리가 닿아 나의 춘천이 어느새 당신의 춘천이 되고, 서로 번져 결국 우리의 춘천이 되길 바란다.

나는 여전히 춘천에 있다.

춘천에서 전석순

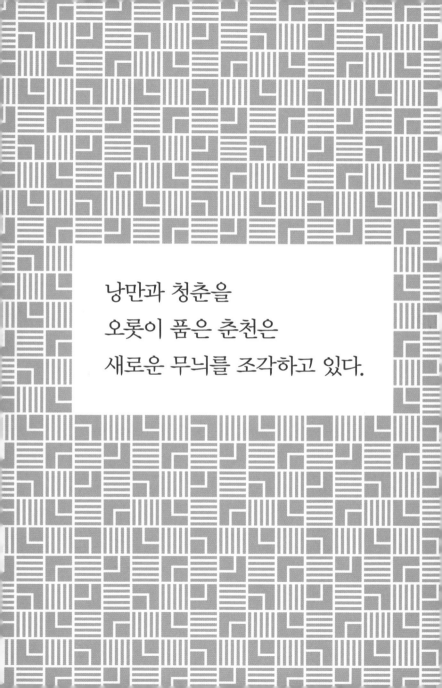

낭만과 청춘을
오롯이 품은 춘천은
새로운 무늬를 조각하고 있다.

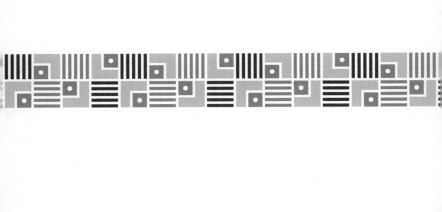

낭만과 청춘으로
읽히는 봄내

춘천(春川)은 '봄내'로도 불린다. 봄이 흐르는 내 혹은 봄이면 겨우내 쌓인 눈이 녹아 내를 이룬다는 의미를 담고 있다. 봄이 빨리 오는 고을이라 춘주(春州)로 불렸던 이후 이 도시는 이제껏 봄과 떨어진 적이 없다.

　춘천에 봄이 빨리 찾아오는 편은 아니다. 2019년 벚꽃 개화 시기를 보면 주요 도시 가운데 가장 늦다. 제주보다 보름 이상 늦고 서울보다도 나흘 후쯤 벚꽃이 핀다. 개나리와 진달래의 사정도 다르지 않다. 그래서 춘천까지 꽃이 피면 우리나라 전체가 봄이라는 뜻이거나 봄을 바라는 간절한 마음이 '봄내'에 담겼을 것으로 짐작하는 이들도 많다. 한쪽에서는 산과 물이 많아 봄의 기운이 가장 완연하게 퍼지는 도시에 의미를 두기도 한다. 그 때문인지 2018 춘천통계연보에 따르면 춘천을 찾는 사람들은 5월과 10월에 가장 많았다. 어느새 춘천은 관광객 천만 시대를 맞이했다.

춘천은 춘천 사람들에게도 각별하다. 지역만족도조사에서 이주하고 싶은 지역으로 다시 춘천을 꼽는 비율이 다른 지역을 앞섰다. 한국지방자치대상에서 4년 연속 살기 좋은 도시로 선정되었고 최근 한국갤럽의 조사에서도 살고 싶은 도시에 이름을 올렸다. 광역시를 제외하면 제주에 이어 두 번째였다.

예나 지금이나 살기 좋은 도시

춘천에 처음 사람이 살았던 것은 신석기시대다. 서면 월송리와 남면 한덕리에서 뗀석기가 나오면서 구석기시대로 보기도 한다. 춘천은 선사시대 유물이 많이 발견되는 도시다. 혈거유지, 천전리와 신매리 지석묘뿐 아니라 중도, 우두동, 교동, 거두리 등에서 살펴볼 수 있다. 발굴된 유물의 특성도 다양해 예전부터 강을 중심으로 활발한 왕래가 있었을 것으로 짐작하고 있다.

춘천은 한반도 중심에서 산과 강을 품고 있다. 촘촘히 둘러싼 해발 800m 안팎의 크고 작은 산은 분지지형을 이뤄 외부로부터 보호해주면서 빼어난 풍경을 가져다줬다. 그 사이로 설악산과 오대산을 따라 내려온 소양강과 금강산에서 시작된 북한강이 만났다. 굵직한 강줄기는 내륙에서 보기 드문 평야를 발달시켰고 인접 지역과 연결되어 물자와 문화가 오가는 통로가 되었다.

이중환의 『택리지』에는 춘천을 "인제 서쪽에 있는데 한양과는 물길로나 육로로나 모두 200리 거리다. (…) 산속에 평야가 펼쳐지고, 두 강이 그 가운데를 흘러간다. 기후와 바람이 고요하고 강과 산이 맑고 훤하며 땅이 기름져서 사대부들이 여러 대를 이어가며 살고 있다"고 전했다. 강이 있는 고장 중 평양과 함께 가장 살기 좋은 곳으로 꼽은 것도 이 때문일 것이다. 아름다운 경치, 강을 통한 교류, 수도와 가까운 거리로 춘천은 점점 북적였다.

맥국의 중심에서 강원도 수부도시로 성장하기까지

춘천은 원시부족국가인 맥국(貊國)의 중심이었다. 신북면 발산리 입구에는 맥국 터를 알리는 비석이 있다. 발산의 옛 이름은 바리뫼이다. 밥그릇처럼 보여 붙여진 이름인데 이 산의 다른 이름은 맥국산이다. 삼악산성은 맥국의 마지막 모습이 담겨 있어 맥국산성이라 전해진다. 동면 월곡리 능산(陵山)은 맥국왕 무덤으로, 우두산성은 맥국에서 만들어 신라시대까지 쓰인 것으로 알려져 있다. 곳곳에서 찾아볼 수 있는 맥국의 흔적은 춘천의 뿌리를 또렷하게 보여준다.

『삼국사기』에서 인용하고 있는 『고금군국지(古今郡國志)』에 따르면 "고구려의 남동쪽 예의 서쪽이 옛 맥의 땅인데 지금 신라의 북쪽이 삭주(朔州)이며, 선덕여왕 6년(637)에 우수주(牛首州)로 삼아 군주를 두었다"고 한다. 『삼국유사』에는 "춘주(春州)는 옛 우두주(牛頭州)로 옛날의 맥국인데 혹 지금의 삭주를 맥국이라 한다"고 나와 있다. 삭주, 우수주, 우두주는 춘천의 옛 이름으로 현재 삭주로, 우두동, 우두산도 여기에 유래를 두고 있다. 처음과 시작, 소머리와 으뜸을 의미했던 지명은 이후 봄으로 이어진다.

맥국이 언제 만들어지고 사라졌는지에 대한 구체적인 자료는 찾아볼 수 없다. 다만 방동리 고구려고분이나 신매리 석실고분을 통해 일찍이 춘천이 고구려에 속했고, 선덕여왕 6년(637)에 이르러 신라로 편입되었던 것으로 미루어 봤을 때 오랫동안 유지되었던 부족국가로 볼 수 있다. 고고학에서는 지석묘와 적석총을 통해 맥국이 청동기시대에서 초기 철기시대로 넘어가는 500년 동안 이어졌다고 보기도 한다.

이후 춘천은 백제, 고구려, 신라가 차례차례 점령하면서 문무왕 13년(673)에는 수약주로, 경덕왕 16년(757)에는 삭주(朔州)로 불렸다. 고려시대에 이르러 태조 23년(940)에 춘주(春州)로 개편되었다. 춘천이 처음 등장한 것은 태종 3년(1413) 때였다.

한갓지던 춘천이 세간의 주목받았던 것은 1890년이었다. 당시 유사시 임금이 거처할 이궁(離宮)을 현재 강원도청이 있는 자리에 설치했다. 이때 춘천은 중앙정부에서 관리하는 중요한 도시로 부각되었다. 강원도에는 태백산맥을 기준으로 춘천부와 강릉부가 있었다. 춘천에는 1895년 영서지방 관찰부가 들어섰다가 1896년(고종 33년) 전국을 13도로 개편하면서 강원도를 다스리는 관찰사를 뒀다. 그때부터 춘천은 강원도의 중심으로 자리 잡았다. 이후 춘성군에서 바뀐 춘천군과 만나 1995년 통합 시가 되면서 지금과 비슷한 모습이 만들어졌다.

역사적인 순간마다 묵묵히 힘을 보탰던 도시

춘천 한가운데에 봉의산이 있다. 몽고침략, 임진왜란, 한국전쟁 속에서 춘천을 품어줬던 산이다. 봉의산뿐만 아니라 춘천 곳곳은 역사의 흔적으로 가득하다.

화랑 죽지랑은 김유신과 함께 신라의 삼국통일에 힘썼던 인물이다. 죽지랑을 흠모하여 득오곡(得烏谷)이 지었다는 신라의 향가 '모죽지랑가(慕竹旨郎歌)'는 우두동과 관련 있다. 죽지랑이 태어나 어린 시절을 보내고 말 타는 법을 익혔던 곳이기 때문이다. 서면 방동리에는 한국 4대 명당지 중 하나로 꼽히는 고려의 개국공신 신숭겸 묘가 있다. 왕건이 후백제 견훤과 맞서 싸우는 과정에서 위험에 처하자 신숭겸은 왕건의 옷을 입고 싸우다 죽음을 맞았다. 후백제군이 신숭겸을 왕건인 줄 알고 머리까지 베어 가자 왕건은 머리를 금으로 만들어 매장했다. 봉분이 세 개인 이유는 여기에 있다.

남면 가정리는 우리나라 항일역사에서 빼놓을 수 없는 마을이다. 구한말 의병활동을 이끌었던 의암 유인석의 고향이고 최초 여성 항일 의병장이었던 윤희순이 활동하면서 위정척사운동의 기반이 되었기 때문이다. 마을에서는 매년 의암(毅庵)제가 열리면서 역사를 잊지 않으려는 마음이 이어지고 있다. 춘천농업학교(현 소양고등학교)에서는 강원도 최초 만세운동이 일어나면서 춘천 항일운동의 발단이 되기도 했다. 요선시장에서도 천교도인들을 중심으로 만세운동이 일어나는 등 나라를 지키고자 하는 마음은 춘천도 예외가 아니었다.

춘천은 한국전쟁에서 최초의 승리를 거둔 현장이기도 하다. 당시 소양강과 봉의산 일대에서 벌어진 전투에서 국군 제6사단이 북한군 남하를 막아냈다. 충렬탑, 에티오피아참 전기념비, 춘천대첩기념평화공원, 춘천지구전적기념관 등은 춘천을 휩쓸고 간 한국전쟁을 생생하게 보여준다.

월남전 참전 용사 환송 장면 기차를 타고 떠나는 장병들에게 가족, 연인들이 손을 흔들고 있다. 춘천역은 월남전 참전 용사뿐만 아니라 102보충대로 향하는 장병들이 거치는 곳이기도 했다.

월남전 참전 용사에게 춘천은 남다른 기억의 장소다. 1964년부터 1973년까지 32만 명이 춘천역을 통해 부산을 거쳐 월남으로 떠났기 때문이다. 춘천역 앞은 군악대와 태극기를 든 시민들 사이에서 손이라도 한 번 더 잡아보려는 가족들로 뒤엉켰다. 1953년부터 2016년까지 전국에서 장병들이 모이던 102보충대도 춘천역을 통해 갈 수 있었다. 당시에도 역전에서 눈물을 훔치는 이들이 많았다.

역사적인 순간을 함께해온 춘천은 서서히 도시다운 모습을 갖춰나갔다. 전국체전과 전국소년체전을 훌륭히 치러냈을 뿐만 아니라 춘천국제태권도대회, 조선일보국제마라톤대회, 춘천국제레저대회 등 국제대회까지 성공적으로 진행했다. 그 과정에서 빼놓을 수 없는 것은 댐이다. 춘천에서 댐은 도시화만큼이나 큰 변화였다.

댐과 호수가 바꾼 춘천의 풍경

1960년대 군사정부는 경제개발 5개년 계획을 추진하면서 춘천수력발전소를 우선 진행했다. 우리 기술 중심의 첫 시공이라 국민들 시선이 더욱 집중됐다. 1965년 홍수 조절과 전력 생산을 위해 지어진 춘천댐을 시작으로 1967년 의암댐, 1973년 소양강댐이 차례로 들어서면서 활발하던 물길이 막혔다. 한 도시 안에 몇 년 사이 세 개의 댐이 한꺼번에 들어선 것은 이례적인 일이었다.

강은 거대한 호수가 되어 춘천을 둘러쌌다. 90㎢에 이르는 내수 면적은 국내 최대였다. 의암호는 당시 춘성군을 제외한 춘천시 면적의 3분의 1에 이르렀다고 한다. 특히 소양강댐은 세계에서 네 번째로 큰 규모를 자랑했다. 그 과정에서 우리나라에서 가장 큰 인공호수인 소양호가 만들어졌다. 그때부터 춘천은 호반의 도시라는 새로운 수식어를 얻었다.

1964년의 춘천댐 공사 모습 물을 채우면서 댐 안쪽의 너른 평지가 수몰되기도 했다.

댐 건설로 다리와 선사유적이 통째로 수몰되었고 수몰민이라는 낯선 말도 생겼다. 육로는 뱃길이 되었고 섬으로 남은 마을도 많았다. 강가에 있던 넓은 모래사장과 빨래터도 기억으로만 남았다. 수온에도 변화가 생겨 차가운 물에서만 사는 빙어가 늘어나는 등 어종도 달라졌다. 호수 주변에는 양식업을 비롯한 어업활동이 이어지기도 했다. 안개 끼는 날이 늘면서 낭만도 번졌다. 산과 호수가 어우러진 풍경에 수상레저스포츠까지 더해져 사람들이 몰렸다. 수도권과 멀지 않아 부담 없이 오갈 수 있다는 점도 매력이었다. 그 중심에는 경춘선이 있었다.

춘천 가는 기차

1922년 경춘로가 개통되고 남북교통의 중심지였던 춘천은 분단 이후 고립되었다. 하지만 1960년대 국토건설사업이 시작되면서 새로운 길이 열렸다. 1995년에는 중앙고속도로가, 2009년에는 춘천서울고속도로가 개통되면서 춘천은 서울과 가깝게 느껴지기 시작했다.

철도에서는 1939년 경춘선이 개통되어 선명한 선을 그었다. 우리나라 첫 철도인 경인선이 1899년 개통되었던 것을 생각하면 다소 늦은 셈이다. 93.5km에 이르는 경춘선은 우리나라 최초로 조선인 자본으로 만들어진 사설철도다. 일제강점기 도청이 있던 도시에는 모두 철도가 있었지만 춘천에는 없었다. 그래서 강원도청을 금강산선과 경원선이 있는 철원으로 옮기려는 움직임이 있었다. 이때 춘천 유지들이 나서 직접 철도건설계획을 세웠다. 1936년 경춘철도주식회사를 설립하면서 계획은 윤곽을 잡아갔다. 4년 후 서울 성동역에서 춘천역을 잇는 경춘선이 개통되었다. 이후 7년 만에 공사비용을 벌어들일 정도로 많은 사람들이 이용했다.

해방 후 경춘선은 국유화되었다. 일제강점기에는 수탈, 한국전쟁에는 병력과 군수물자수송에 의미가 있었지만 지금은 우리나라 중심을 동서로 가로지르는 교통수단으로 역할이 크다. 1971년 성동역이 사라지고 청량리역과 연결되면서 춘천 가는 기차는 휴양과 관광의 상징이 되었다. 호수와 산과 강이 부드럽게 뒤섞인 절경은 경춘선을 찬란하게 물들였다. 남이섬과 강촌 등 경춘선 주변 유원지까지 발달하면서 수도권 대학생들에게는 MT로, 연인들에게는 데이트로, 중년에게는 휴식으로 주목받았다.

2010년 경춘선은 직선화와 복선전철이 마무리되면서 전동차가 오갔다. 코레일에 따르면 개통한 해 경춘선을 이용한 사람은 이전보다 30배까지 늘었다. 비슷한 시기 춘천 인구는 만 명 가까이 증가했다. 이어서 2012년에는 국내 최초로 2층 객차를 갖춘 준고속열차 'ITX-청춘열차'도 운행을 시작했다. 이로써 춘천에서 용산역까지 1시간 20분 안팎이 소요돼 수도권과의 접근성이 크게 향상되었다. 청량리와 춘천의 앞 글자를 따 청춘열차라고 부르지만 많은 사람들은 청춘(靑春)을 떠올렸다. 청춘열차에는 서울을 벗어난 청춘의 들뜬 웃음과 낭만에 젖어 청춘을 회상하는 중년의 미소가 빼곡히 각인되어 있기 때문이다. 길은 달라졌지만 창밖으로 보이는 미려한 경관은 여전히 춘천 가는 길을 빛내고 있다.

안개처럼 이야기가 피어나는 도시

삼국시대부터 조선시대까지 춘천은 기행문학의 중심으로 알려져 있다. 이후에도 춘천에는 유난히 많은 이야기가 이어졌다. 감성을 자극하는 도시이기 때문일지도 모르겠다.

아픈 어머니를 위해 시체 목까지 베어왔던 반희언은 효자동과 거두리에 새겨져 있다. 신라 때 우례 모녀의 이야기는 죽림(竹林)동에 담겼다. 나물 캐러 간 어머니가 천둥번개를 만나 다치자 우례는 정성껏 보살폈다. 좀처럼 차도가 없던 중 꿈속에서 서라벌에 가 인삼을 구해 먹으면 낫는다는 이야기를 전해 들었다. 하지만 인삼이 비싸 순장되어야만 어머니께 보낼 수 있었다. 인삼을 먹은 어머니는 병이 나아 우례를 기다렸지만 우례는 나타나지 않았다. 사정을 안 어머니는 집에 불을 지르고 타 죽었다. 그 자리에 죽순이 솟아 대나무가 숲을 이뤘다고 한다.

부래산 설화도 빼놓을 수 없다. 금성에서 춘천으로 떠내려 온 바위산에 세금을 매기려고 하자 원님의 고민이 깊었다. 하지만 그의 아들이 바위가 춘천에 있으니 도리어 자릿세를 내야 한다고 해 근심을 덜 수 있었다고 한다. 부래산은 의암호에 잠겨 현재 고산(孤山)으로 남아 있다. 고산은 일찍이 김시습, 퇴계 이황, 이항복 등 조선시대 문인들의 작품에서 배경으로 쓰이기도 했다.

상사뱀설화부터 전계심설화에 이르기까지 애절한 사랑 이야기도 두툼하게 쌓여 있다. 조선 정조 때 전계심은 17세에 춘천부사의 첩이 되었지만 부사가 한양으로 떠나는 바람에 기방으로 떠밀려갔다. 일편단심을 지키고자 했지만 사내들에게 절개를 잃고 아이까지 유산하자 유서를 남기고 자결

했다. 이 사실을 알게 된 순찰사는 열녀정문을 세웠고 1796
년 춘천 선비들은 춘기계심순절지분(春妓桂心殉節之墳)을 세
웠다. 당시 선비들이 기생에게 세워준 묘비는 흔치 않았다
고 한다. 도로 개설로 묘지는 사라졌지만 묘비는 소양정 근
처에 남아 있다.

춘천은 문학적으로도 풍성하다. 실레마을을 배경으로 한
소설로 사랑받는 김유정을 중심으로 이인직, 윤대녕, 오정
희, 전상국, 김미월 등 수많은 소설가의 작품 속에서 춘천을
읽을 수 있다. 뿐만 아니라 춘천은 영상을 담아낼 수 있는
유연한 그릇이기도 하다. 드라마 '간이역', '첫사랑', '겨울연
가', '당신이 잠든 사이에', '뷰티인사이드' 등과 영화 '생활의
발견', '와니와 준하', '의뢰인', '말아톤'에 이르기까지 많은
사랑을 받았던 작품 속에 춘천이 있었다. 소양호, 청평사,
춘천역, 삼악산, 공지천, 기와집골, 중도, 의암호 등 춘천의
풍경이 가치 있는 또 다른 이유다.

일상이 문화가 되는 도시

이제껏 춘천은 수도권 상수원 보호를 위해 개발이 제한되어
왔다. 지형적으로 산지가 대부분이고 댐으로 수몰된 평지도

많았다. 게다가 항구와 먼 내륙지방이라 소비와 생산도 다소 위축되었다.

그 속에서 춘천은 문화관광을 쌓아 올렸다. 산은 관광자원으로, 호수는 감성과 레저스포츠로 발달시켜 낭만도시 이미지를 구축했다. 그 결과 춘천은 1995년 문화체육부가 전국에서 처음 선정한 문화도시가 되었다. 지금도 춘천은 마임, 인형극, 연극, 애니메이션, 문학, 미술, 음악, 영화, 춤 등 다양한 예술 장르를 한꺼번에 보고 즐길 수 있는 도시다.

세계 3대 마임축제로 자리 잡은 춘천마임축제와 아시아 최대 규모로 열리는 춘천인형극제는 해를 거듭할수록 많은 사람들이 찾고 있다. 춘천국제연극제와 춘천애니타운페스티벌도 매해 새로운 테마로 꾸준히 성장하고 있다. 춘천무용제로 출발한 춘천아트페스티벌은 재능기부를 통해 일궈온 공연예술축제로 주목받았다. 더불어 춘천리코더페스티벌은 우리나라에서 가장 깊은 역사를 가진 춘천 고(古)음악제로 나아갔다. 그 외에 김유정문학제, 봄내예술제, 춘천영화제 등 춘천에는 일 년 내내 축제가 끊이지 않는다. 이처럼 많은 문화예술축제가 꾸준한 호응 속에 지속되고 있다는 것은 춘천의 귀한 자산이다. 여기에 닭갈비와 막국수처럼 독자적인 음식문화까지 곁들여져 춘천의 문화예술은 언제나 봄이다.

소규모 공연 전문 극장 '축제극장 몸짓', 국내 유일한 인형극 전용극장 '춘천인형극장', 우리나라 최초 '애니메이션 박물관'이 들어서면서 춘천의 문화는 한층 견고해졌다. 나아가 언제 어디서든 풍요로운 공연을 즐기고 배울 수 있는 도시로 성장했다. 일상이 문화가 되는 도시를 지향하는 춘천은 최근 2차 문화도시에서 문화체육부가 선정한 예비문화도시가 되었다. 풍족한 자연환경, 모든 장르를 아우르는 문화예술, 따뜻한 관심 덕분이다.

새로운 무늬를 그리고 있는 춘천

최근 춘천은 클라우드데이터센터로 주목받으면서 서비스업 중심에서 벗어나 4차 산업혁명시대로 다가서고 있다. 풍부한 수자원, 수도권과 가까운 거리, 낮은 기온과 지진이 없다는 점이 유리하다고 한다. 이미 네이버데이터센터가 동면 만천리에, 삼성SDS데이터센터가 칠전동에 들어섰고 동면 지내리에도 소양강댐 냉수를 이용한 '강원도 수열에너지 융복합 클러스터'가 들어설 예정이다.

개발과 재생사업도 도시를 균형 있게 채색하고 있다. 특히 춘천시와 강원대학교 산학협력단이 춘천의 구비문학과 근현대문학을 찾아내 아카이브를 구축하면서 지역 문화 콘텐츠를 탄탄하게 다지고 있다. 그 결과 근화동 당간지주와 춘천칠층석탑 중심의 탑거리길, 위봉문과 봉의산을 잇는 봉황길, 낭만시장과 망대골목을 거치는 역사인물길로 구성된 '춘천 문화유적 사색의 길'이 만들어졌다. 풍경만 즐기던 관광에 이야기를 더해 더 깊은 춘천을 전할 수 있을 것으로 기대된다. 여기에 카누를 타고 호수를 가로지르는 물레길과 낭만적인 풍경을 빠뜨리지 않는 봄내길까지 이어지면서 춘천은 어느 때보다 정교한 선(線)으로 채워지고 있다.

도시, 산, 강, 호수, 섬을 섬세하게 감각할 수 있는 도시로 나아가면서 새로운 풍경도 조성될 전망이다. 2021년 봄에는 국내 최장 길이인 3.6km 삼악산로프웨이를 통해 의암호를 감상할 수 있다. 중도에 들어설 레고랜드도 설립에 대한 입장 차이를 해결해가면서 개발을 서두르고 있다. 거기에 캠프페이지에 들어설 시민복합공원까지 구체화되면서 춘천의 미래는 다양한 방향으로 활짝 열려 있다.

그 중심에는 제2경춘국도와 동서고속철도가 있다. 제2

경춘국도는 균형 발전을 위해 예비타당성조사를 면제받아 속도를 낼 것으로 보인다. 동서고속철도도 2016년 국가재정사업으로 선정되면서 빠르게 진행 중이다. 이로써 춘천은 경춘선의 종착역에서 서울과 동해안을 잇는 교통의 요충지가 될 것이다.

오랜만에 춘천을 찾은 이들은 결국 네비게이션을 켠다. 짧은 시간 동안 이뤄진 변화가 크기 때문이다. 처음 댐이 들어섰던 시절과 비교하는 이도 있다. 지금까지 춘천은 지형과 위치의 단점을 끌어안고 독자적인 문화를 만들어 왔다. 사소한 장면도 놓치지 않고 이야기를 불어넣어 예술로 끌어냈다. 침략과 전쟁을 극복하고 스스로 철도를 놓았던 힘도 여전히 남아 있다. 켜켜이 쌓인 청춘과 낭만이 결을 이룬 춘천은 이제 수많은 선과 색채를 품고 새로운 무늬를 조각하고 있다.

01 소양강댐

호반의 도시 춘천 여행의 첫걸음

춘천역에 내린 사람들은 대개 1번 출구로 향한다. 그쪽으로 가야 광장이 있고 택시를 잡기도 쉽기 때문이다. 계단을 내려오면 관광안내소가 보이고 곧게 뻗은 길은 도심으로 이어져 있어 어느 때고 북적인다.

나는 걸음을 틀어 2번 출구로 향한다. 당신은 얼마간 머뭇거린다. 잘못된 방향일지도 모른다고 생각할 것이다. 하지만 춘천에 처음 왔을지도 모를 당신은 이내 나를 따라설 수밖에 없다. 흐릿한 걸음은 딛을 때마다 뒤엉킨다. 뒤에는 아무도 없다.

출구로 나오자 텅 빈 풍경이 펼쳐져 있다. 근화동은 춘천역 주변에 무궁화나무가 많아서 붙여진 이름이다. 하지만 지금은 이름만 남았을 뿐 무궁화나무는 거의 찾아볼 수 없다. 일제강점기에 철도를 보호한다는 이유로 모두 잘라냈기 때문이다. 무궁화라도 찾는 듯 당신의 시선이 분주하다. 머물 곳을 찾지 못해 헤매던 시선은 내 뺨에 닿는다. 왜 여기로 나온 건지 묻고 있는 것 같다. 나는 대답 대신 길 건너편을 가리킨다. 그쪽에서 바람을 타고 어렴풋하게 물소리가 들려온다. 물소리는 점점 부풀어 온몸을 감싼다. 소양강과 북한강이 만나 흐르는 자리다. 춘천의 시작이라면 그쯤이 좋을 것 같다.

당신과 나의 걸음은 조금씩 윤곽을 잡아간다.

강의 도시에서 호수와 댐의 도시로

소양강은 강원도 인제군 서화면에 있는 무산에서 시작되어 양구군을 통과한다. 흐르는 동안 설악산의 북천과 방천을 만나고 계방산의 내린천과도 만나 춘천시 북산면을 지난다. 거기서부터 다시 북한강까지 이어지는 166.2km의 강이 소양강이다. 강원도 산지를 굽이굽이 도는 물길이다 보니 주변에서 평지를 찾기 어렵다. 순탄치 않은 길을 지나온 만큼 소양강은 많은 사람들의 이야기를 품고 있다. 그것은 춘천

어디에서나 어렵지 않게 '소양'이라는 이름을 접할 수 있는 이유와도 이어진다.

춘천은 호수의 도시로 알려져 있지만 50여 년 전만 해도 강의 도시였다. 북한강과 소양강이 만나는 자리에 있었기 때문이다. 1910년대 지도를 살펴보면 춘천에는 20여 개의 나루가 있었고 그 중심으로 마을이 형성되었다. 나루를 통해 목재를 비롯한 다양한 물건들이 춘천에 모여 서울로 향했다. 당시 육로를 통해 가는 길에는 벼랑이 많아 물길이 더 익숙했을 것으로 짐작해볼 수 있다.

『춘천의 지명유래』에 따르면 "옛 춘천도호부에서 북쪽으로 3리에 소양강진(昭陽江津)이 자리 잡고 있었고 소양강 언덕에는 소양강창(昭陽江倉)이 있었다"고 한다. 『춘천읍지』에서도 소양강진에 대한 기록을 찾아볼 수 있다. 소양강창은 춘천을 비롯한 홍천과 인제, 양구, 화천에서 나온 곡식을 모아 보관했다가 한강으로 운반하여 나라에 조세로 바치는 곳이었다. 그에 따라 자연스럽게 사람들이 모여 상업이 번성했다. 『택리지』에도 "소양강에 배가 통하므로 생선과 소금을 사고판다"는 기록이 남아 있다. 일찍이 춘천은 강을 통해 강원도의 곡물과 특산물을 운반하는 역할을 해온 셈이다.

지금과는 다소 거리가 먼 모습이다. 이제는 나루터가 있었던 흔적조차 남아 있지 않다. 북한강과 소양강, 공지천이 만나는 침식분지에 만들어진 세 개의 댐 때문이다. 춘천에서 세대교체란 댐이 들어서기 전 모습을 기억하는 이들이 모두 사라졌을 때라고도 한다. 그만큼 댐은 춘천에 큰 변화를 가져왔다. 댐은 춘천의 중심을 강이 아닌 호수로 바꾸었다. 그쯤 춘천에는 호반의 도시라는 이름이 붙어 지금까지 이어지고 있다. 이제 호수와 댐은 춘천에서 빼놓을 수 없는 가장 중요한 장면이 되었다.

1965년 2월 신북면 용산리와 서면 오월리 사이 북한강 상류에 춘천댐이 세워졌다. 높이 40m에 이르는 댐은 화천에서 내려오는 물길을 막아 춘천호를 만들어냈다. 상부 교각 위에 설치된 다리는 춘천과 화천을 잇는 국도로 쓰이고 있다. 도시와 인접한 농촌을 하나의 생활권으로 묶어 행정구역을 개편했던 도농통합정책이 있기 전까지 춘천댐은 춘천군에 속해 있다가 1995년부터 춘천시 소속이 되었다.

이어서 1967년 11월 근대화로 들어서는 시기에 북한강과 소양강이 만나는 협곡을 가로지른 의암댐이 들어섰다. 1962년부터 6년에 가까운 기간 동안 지어진 댐에는 14개의 수문이 있다. 수문 안의 저수량은 8,000만 톤에 이르고 담수면적은 454만 평이다.

의암(衣巖)은 맥국을 침략했던 적군이 바위에 군복을 눕혀 놓아 혼란을 줬다는 데에 유래를 두고 있다. 그 외 군사들이 옷을 말렸던 바위, 옷을 벗어두었더니 신선이 입고 올라간 바위, 옷 모양 바위 등 많은 이야기가 얽혀 있다.

춘천댐과 의암댐 사이의 20km에 이르는 길은 춘천에서 가장 아름다운 드라이브 코스로 꼽힌다. 두 개의 댐이 아니었다면 볼 수 없었을 풍광이다. 이 풍광은 요동치는 마음을 호수처럼 잔잔하게 다독인다.

1992년 하천 점용 허가 기간이 끝났을 때 의암댐을 철거해야 하는 게 아니냐는 의견이 나오기도 했다. 1998년 환경부가 발표한 한강수계 상수원 수질개선 대책에서도 비슷한 목소리가 이어졌다. 최근까지도 잦아들지 않는 이유는 의암댐이 홍수를 조절하고 전력을 공급하는 기능이 약해졌기 때문이다. 하지만 매번 호반의 도시 이미지를 지키자는 쪽으로 의견이 기울었다. 이제껏 춘천에서는 관광과 레저산업이 발달해왔다. 그 중심에는 의암호를 비롯한 호수가 있었다. 날선 마음을 뭉툭하게 만들어주었던 호수는 춘천에 낭만을 더해줬다.

근대화를 상징하는 동양 최대의 댐

1967년 4월 착공해 1973년 10월 준공된 소양강댐 역시 소양강과 춘천 사람들의 삶을 뒤바꿔놓았다. 소양강댐의 만수위는 198m이고, 총저수량은 춘천댐, 청평댐, 화천댐 등 한강수계 5개 댐을 합친 것보다 2배쯤 더 많은 29억 톤이다. 홍수조절과 발전용수공급 등을 목적으로 하는 다목적댐으로, 수면 면적만 해도 70㎢에 이르고 당시 국내 총 발전 용량의 3분의 1을 생산했을 정도로 큰 규모다.

총공사비는 318억 7,000만 원으로 공사 기간만 해도 6년 6개월이 걸렸다. 공사를 진행하던 중 37명의 인부가 사망하기도 했는데 고인들의 이름은 소양강댐 한쪽 순직자위령탑에 고스란히 새겨져 있다. 원래 콘크리트댐으로 설계했으나 조건이 맞지 않아 점토 주변에 자갈과 모래를 쌓는 사력댐으로 만들어졌다고 한다. 사력댐으로는 우리나라뿐만 아니라 동양 최대로 꼽히며 세계에서도 4번째에 속한다. 그 때문인지 소양강댐은 우리나라 근대화를 보여주는 하나의 상징으로 자리 잡았다. 준공에 맞춰 이를 알리고 축하하기 위

소양강댐 춘천댐, 의암댐, 소양강댐이 만들어낸 크고 잔잔한 호수는 춘천다운 풍경들 중 하나다. 춘천에서는 며칠 동안 폭우가 쏟아져도 소양강댐 수문이 열리지 않으면 별 것 아니라고 생각하는 이들도 많다.

해 1973년 10월 15일 체신부에서 기념우표 200만 장을 발행할 정도였다.

댐의 크기만큼이나 수몰 규모도 컸다. 춘천시를 비롯한 양구군과 인제군에 걸쳐 수몰 지역이 생겼다. 6개 면, 38개 리가 잠기는 바람에 이주한 주민만 해도 1만 8,000여 명에 이르렀고 수몰된 집과 건물도 4만 5,000여 채에 달했다. 뿐만 아니라 천연기념물 제218호인 장수하늘소와 장수하늘소 서식지로 보호받았던 천연기념물 제75호 북산면 추전리, 내평리와 대곡리 일대의 선사유적도 물밑으로 사라졌다.

그 과정에서 배를 타지 않고는 닿을 수 없는 마을이 생겼고 길이 없어지는 바람에 먼 길을 돌아가야 하는 주민도 많아졌다. 여전히 누군가는 고향을 물으면 손끝으로 소양호를 가리킨다. 가물어서 수위가 낮아지면 마을 흔적이라도 보고 싶어 찾아오는 사람들도 있다. 아래에 마을이 있었다는 것을 떠올리면 물결이 그려내는 무늬에서 시선을 떼기 어렵다.

소양강댐 수문이 열리던 날

1984년 여름 대홍수 때 붕괴 우려가 있기도 했지만 소양강 댐은 여전히 단단하게 남아 있다. 전쟁의 공포가 몰려오면 어른들은 소양강댐부터 걱정했다. 댐이 무너지면 춘천은 순식간에 물바다가 될 것이기 때문이다. 학교에서 소양강댐이 국가중요보안시설이라고 배우고 난 다음엔 그 공포가 아이들에게도 옮겨졌다.

춘천에서 학창시절을 보낸 사람 중 소양강댐 견학을 가보지 않은 사람이 드물었다. 그때마다 선생님은 잔뜩 힘을 준 목소리로 또박또박 설명하곤 했다.

"춘천은 소양강댐이 있는 중요한 도시입니다."

오랜 가뭄이 이어져도 시큰둥하던 사람들은 소양강댐 수위가 낮아져 바닥이 드러났다는 소식이 들려야 심각하게 받아들였다. 춘천에서 기우제를 지내는 장소가 소양강댐인 것도 그 때문일 것이다.

예년보다 270㎜의 비가 더 쏟아졌던 2017년 8월에는 6년 만에 소양강댐 수문이 열렸다. 제한 수위인 190.3m를 넘겼기 때문이다. 초당 1,000톤에서 1,500톤의 물을 방류한다는 소식에 수백 명의 사람들이 몰렸다. 지금까지 소양강댐이 수문을 연 것은 14번이다. 그중 한 번은 아버지와 함께였다. 그동안 서울 한번 데려가주지 못했던 게 미안했던 아버지는 더 좋은 구경이 있다며 낡은 지프를 몰고 나섰다. 춘천에서 보여줄 만한 것이라곤 빤했기 때문에 나는 입술을 비죽이며 따라나섰다. 고작해야 공지천이나 어린이회관 정도일 줄 알았지만 아버지가 이끄는 쪽은 반대 방향이었다.

차창은 뿌옇게 흐려졌다. 견학 왔을 때와는 사뭇 다른 분위기였다. 디지털카메라가 보급되면서 보이지 않던 사진사 할아버지에게 사진을 찍자고, 지금은 철거된 노점상에서 번데기를 사달라고 조르던 시간과 확연히 다른 질감이었다.

입구에 들어서기 전부터 한꺼번에 몰려든 사람과 차로 붐볐다. 결국 차에서 내려 걸어가야만 했다. 멀리서부터 달려드는 물방울이 얼굴에 들러붙었다. 한걸음 내딛자 육중한 물소리가 덮쳤다. 불투명한 유리를 여러 겹 덧댄 것처럼 보이는 게 없었다. 그사이 물소리는 계속 몸집을 불려나갔다. 개방된 수문은 멀리 보이는데도 소리와 물방울은 또렷했다. 내 손을 단단히 움켜쥔 아버지는 "어떠냐? 서울보다 멋있지?"라고 말했다. 물소리에도 묻히지 않을 만큼 우렁찬 목소리였다.

"수문 여는 걸 또 볼 수 있을까."

"글쎄… 언제 또 열릴지."

돌아서는 사람들마다 얼마간 비슷한 목소리를 주고받았

다. 나이 든 사람일수록 목소리에는 소양강에서 건너왔을 물기가 배어 있었다. 그것은 춘천 사람들이 다가오는 시간을 가늠하는 방식이었다. 비슷한 내 질문에 아버지는 물방울을 튕겨내는 것처럼 웃었다.

"또 열리면 안 되지. 안 열리면 안 열릴수록 좋은 거야."

"자주 열면 구경도 오고 좋을 텐데."

왜 수문이 열리지 않는 게 좋은 건지 깨달았을 때 나는 조금 더 어른에 가까워져 있었다. 그사이 밝은 볕을 담은 소양(昭陽)강은 춘천을 감싸며 흐르고 있다.

- **기와집골** : 1940년대쯤 부자들이 사는 기와집이 모여 있어 기와집골로
불렸다. 강원도청과 소양강 사이에 있어 나랏일을 하는 사람들을 중심
으로 마을이 형성되었다고 보기도 한다. 한 집이 100석은 거둬들인다고
해서 백석골, 백석동이라 불렸다. 오래전 풍경이 그대로 남아 있어 드라
마 '첫사랑'과 '겨울연가'의 배경이 되기도 했다.

- **춘천칠층석탑** : 춘천 도심에 있는 유일한 탑으로 1960년에 보물 제77호
로 지정되었다. 조선 인조 때 유정립이 파직 후 낙향해 집터를 닦을 때
근처에서 '충원사'가 새겨진 그릇을 발견해 충원사 소속으로 짐작하고
있다. 고려시대 만들어진 후 한국전쟁 때 훼손된 부분을 2000년에 보수
하여 지금까지 이어져오고 있다. 최근 근처에 들어선 고층 아파트 단지
와 함께 보면 춘천이 지나온 시간의 단면을 보는 듯하다.

- **근화동 당간지주** : 당간지주는 주로 큰 사찰 입구에 세워두고 행사나 위
치를 알리기 위해 깃발을 달았다고 한다. 근화동 당간지주는 돌을 다듬
은 방식을 바탕으로 고려 중기에 세워졌을 것으로 보고, 그쯤 근처에 사
찰이 있었을 것으로 추정하고 있다. 기둥 사이 당간에서 볼 수 있는 연
꽃 조각은 거창하거나 화려하지 않아도 단정한 모습이 꼭 춘천 같다.
1963년 1월 21일 보물 제76호로 지정되었다.

02 소양강 처녀상

소양강에 얽힌 다채로운 이야기

2019년 춘천을 상징하는 노래를 공모한다는 소식이 전해졌다. 소식을 들은 춘천 사람들의 기준은 하나였다.

과연 '소양강 처녀'를 넘어설 수 있을까?

소양강은 춘천을 대표하는 노래인 '소양강 처녀'를 만들었다. 어느새 소양강 처녀는 춘천을 넘어 전 국민의 사랑을 받는 가요가 되었다. '소양강 처녀'에는 소양강만큼이나 굴곡 많은 사연이 숨어 있다.

소양강을 배경으로 탄생한 국민가요

원래 소양강을 배경으로 한 대표적인 노래는 1967년 이미자가 부른 '춘천댁 사공'이었다. 이 노래는 호반의 도시 춘천을 홍보하기 위한 노랫말 공모로 만들어졌다. 발표 당시 7주 연속 금주의 인기가요로 선정되는 등 큰 인기를 끌었다. 하지만 이후 등장한 '소양강 처녀'에게 자리를 내줘야만 했다.

'소양강 처녀'는 소양강댐 공사가 진행 중이던 1969년 만들어져 1970년 10월 오아시스레코드사에서 발매한 컴필레이션 음반에 수록되었다. 타이틀곡을 정하는 과정에서 직원들의 투표 결과 '소양강 처녀'가 선정되었다고 한다. 해질 무렵 소양강에서 님을 그리는 애절한 가사와 빠른 리듬, 거기에 맛깔스러운 목소리까지 더해져 큰 인기를 끌었다. 남진의 '님과 함께'가 히트치고 있던 때인데도 앨범이 10만 장 넘게 팔려나갈 정도였다. 노래를 부른 김태희는 텔레비전 방송에 거의 매일 얼굴을 비췄고 당시 인기가수들만 출연했던 국책영화에도 등장했다. 나아가 그해 신인상까지 거머쥐었지만 인기가 오랫동안 이어지진 못했다.

끊임없이 쏟아지는 유행가들 사이로 지워지는 듯했던 '소양강 처녀'는 노래를 선보인지 20여 년이 흘러 다시 주목받았다. 1991년 MBC에서 진행한 선호도 조사에서 애주가의 애창곡 2위에 선정되면서부터다. 이후 1992년 한국갤럽이 조사한 노래방 인기곡에서 1위로, 1993년 대학생들이 가장 좋아하는 노래로 뽑혔다. 노래방의 유행은 잊힐 뻔했던 '소양강 처녀'를 다시 불러왔다. 주부였던 김태희도 다시 지상파 방송에 출연하면서 새로운 앨범까지 발표했다.

지금까지 하춘화, 현철, 문희옥, 최진희, 심수봉, 신신애 등 수많은 가수들이 리메이크해오면서 '소양강 처녀'는 꾸준히 사랑받는 노래가 되었다. 최근에는 아이돌 그룹 '위너'의 송민호가 첫 번째 솔로 앨범 타이틀곡인 '아낙네'에서 '소양강 처녀'를 샘플링해 인기를 끌기도 했다.

소양강 처녀는 누굴까?

춘천시는 1995년 소양강에 '소양강 처녀 노래비'를 세우기로 하면서 작사가 반야월 선생을 초청해 자문을 구했다. 그 과정에서 소양강 처녀의 모델이 된 주인공에 대한 궁금증도 함께 전했다. 1968년 춘천에 살던 가수 지망생 윤기순의 이야기는 그렇게 세상에 알려졌다.

가수의 꿈을 안고 서울로 향했던 윤기순이 도착한 곳은 서울가요작가동지회 사무실이었다. 거기서 노래를 배우면서 심부름도 했던 것으로 알려져 있다. 그러던 중 윤기순의 아버지는 딸을 도와주시는 분들을 춘천으로 초대했다. 한국전쟁에서 한쪽 다리를 다친 어부였던 아버지는 소양강에서 잡은 물고기로 매운탕이라도 대접하고 싶었던 것이다. 그때 춘천에 왔던 사람 중 반야월이 있었다. 가수로 데뷔했던 반야월은 작사에 매력을 느낀 이후 수많은 히트곡을 발표했다. '울고 넘는 박달재', '단장의 미아리고개', '아빠의 청춘', '잘했군 잘했어' 등의 노래를 작사했고 '불효자는 웁니다', '잘 있거라 항구야' 등을 직접 부르기도 했다.

당시 반야월은 소양1교 근처 여관에서 보름 동안 머물렀다. 그때 나룻배를 타고 소양강을 건너던 중 궂은 날씨에 돛단배가 흔들려 윤기순이 엎어졌다. 그 장면에서 떠오른 가사가 '소양강 처녀'였다고 한다. 해 질 무렵 노를 젓던 윤기순의 모습이 영감을 줬다는 이야기와 서울로 돌아가는 버스 안에서 본 소양강의 노을이 가사를 완성시켰다는 이야기가 함께 전해진다. 그 가사에 작곡가 이호가 멜로디를 붙여 '소양강 처녀'가 만들어졌다.

이야기를 전해들은 춘천시는 윤기순을 찾아 나섰지만 춘천에서는 찾을 수 없었다. 수소문 끝에 경찰의 도움까지 받아 광주에서 윤미라라는 가명으로 활동하고 있다는 것을 알아냈다. 이후 윤기순은 55세의 나이로 2006년 어머니가 계시는 춘천으로 돌아왔다. 노래 가사에서 열여덟이었던 소녀가 어느새 중년이 되어 소양강을 바라보고 있는 셈이다.

노래 속 모습은 소양강 처녀상으로 남았다. 소양강 처녀상은 2005년 11월 8일 춘천시민의 날을 기념해 세워졌다. 그날은 1413년 '춘천'이라는 이름이 처음으로 쓰인 날이기도 했다. 조각가 남상연이 청동으로 만든 작품으로 좌대를 포함하면 12m, 무게만 해도 14톤에 이른다.

해가 지면 소양2교에는 다채로운 빛깔의 조명이 어우러져 꿈결 같은 야경을 만들어낸다. 조명에 눈길을 주다 보면 노래 가사처럼 '해 저문 소양강에 황혼이 지면' 이제는 덜 외롭지 않을까 싶은 생각이 든다. 근처에는 노래비가 있어서 버튼만 누르면 언제든 '소양강 처녀'를 들을 수 있다. 하늘 가득

소양강 처녀상 동상의 모양을 자세히 살펴보면 오른손으로 치맛자락을 쥐고 있고, 왼손에는 무언가를 들고 있다. 노래를 흥얼거리다 보면 손에 쥔 것이 갈대라는 것을 알 수 있다. 그만큼 노래 속 이미지가 정교하게 표현되어 있다.

노을이 번졌을 때 소양강 물결에 기대어 듣는 노래는 어느 때보다 뭉클하게 다가온다. 그쯤 소양강에서 볼 수 있는 가장 아름다운 빛은 인위적인 조명이 아니라 강에 비친 노을이라는 것을 깨달을 수 있다. 이어서 노래가 마음을 적신다는 게 어떤 건지도 알 수 있다.

하늘 위 유리 다리, 소양강 스카이워크

소양강 처녀상 근처에는 2016년 7월 개장한 소양강 스카이워크가 있다. 174m 중 156m가 유리로 되어 있다. 국내에서는 가장 긴 유리 구간이다. 다리를 걷다 보면 마치 소양강 위를 걸어 하늘에 닿을 것 같은 느낌을 받는다. 특수강화유리 3장을 겹쳐 안전성에 신경 썼다고는 하지만 다리가 후들거려 걸음을 이어나가지 못하는 이들도 볼 수 있다. 마음을 다잡고 걸어 나가면 소양강과 하늘이 점점 하나로 번진다. 원형 광장에 이르면 시원하게 뚫린 풍경에 온몸이 짜릿해진다.

초등학교 교과서에 소개되기도 한 스카이워크는 개장 이후 2018년 5월까지 147만 명이 넘는 관광객이 다녀갔을 만큼 인기다. 최근에도 주말에만 8,000여 명의 관광객이 찾는다고 한다. 입장료는 2,000원이지만 그대로 춘천사랑상품권으로 돌려준다. 상품권으로 스카이워크 근처에서 간식을 사 먹을 수도 있고 낭만시장 등 춘천 각지에서 쓸 수도 있다.

소양강스 카이워크 끝에 서면 소양강에서 막 뛰어 오른 듯한 쏘가리 동상을 볼 수 있다. 소양2교를 건널 때면 의암호 가운데 불쑥 솟아오른 콘크리트가 궁금증을 자아내곤 했다. 누군가는 소양강댐 아래 건물이 통째로 잠겼다고도 했고, 조각상의 일부라고 보는 이도 있었다. 다리 위에서는 아무리 눈을 부릅떠도 제대로 알아볼 수 없었다. 안개까지 끼면 윤곽조차 지워졌다.

나중에야 그것이 교각 끄트머리라는 것을 알게 되었다. 교각은 1940년쯤 일본이 화천댐을 건설하면서, 춘천역에서 화천까지 자재 운반을 위해 만들었던 케이블카의 흔적이다. 1937년 7월 착공해 1944년 10월 준공된 화천댐에는 일제의 침략 의도가 숨어 있었다. 댐 건설 과정에서 1,000여 명에 이르는 우리나라 노동자가 세상을 떠났고 고향을 잃은 사람도 적지 않았다.

아픔의 상징이 된 교각은 2006년에 이르러 새로운 모습을 갖추게 되었다. 4억 원의 상금을 건 공모를 통해 선정된 쏘가리 모양의 조형물 '자연의 생명'을 설치해 예술작품으로 만들어낸 것이다. 일본이 침략을 위해 만들었던 교각 위를 힘차게 튀어 오르는 18m의 쏘가리는 잊고 있던 역사의 한 장면을 되새기기에 부족하지 않다.

춘천 대표 야경과 곰보다리

'자연의 생명' 뒤로 소양2교가 보인다. 소양강을 건너는 다리 중 가장 큰 다리이다. 춘천의 강남과 강북을 이으면서 하루 통행량만 10만 대에 이른다. 한국전쟁 중 미군이 물자 보급을 위해 건설한 것으로 당시 미군이 한국에 건설한 다리 중 가장 길다.

1951년 미군이 26일 만에 만든 573m 길이에 폭이 4.15m인 나무다리가 시작이었다. 시커먼 색 때문에 꺼먹다리로 불리기도 했는데 정식 명칭은 1950년 11월 청천강전투에서 전사한 대령 이름을 딴 '포니브리지'다. 1960년대 초반까지 이어지다가 노후 문제로 1964년부터 1967년까지 콘크리트 다리로 만들어졌다. 이때부터 소양2교라고 불리기 시작했다. 이후 교통량이 증가함에 따라 1997년 4차선으로 확장되었고, 현재는 6차선으로 더 넓어졌다. 1996년에는 소양강 위에 놓인 유려한 모습 덕분에 아름다운 콘크리트 구조물로 선정되었다. 지금은 춘천을 대표하는 수려한 야경 중 하나로 꼽힌다.

소양2교와 멀지 않은 자리에 소양1교가 있다. 예전에는 두 다리를 두고 윗다리 아랫다리로 부르기도 했다. 소양1교는 6차선으로 확장된 소양2교보다 훨씬 작다. 일방통행인데다 통행하는 차량의 높이도 1.8m로 제한하고 있다. 소양1교는 춘천에서 가장 오래된 다리이면서 동시에 최초의 근대식 콘크리트 다리다. 1933년 건설되어 벌써 90년 가까운 세월을 한 자리에서 버텨왔다.

소양1교의 또 다른 이름은 곰보다리다. 다리를 건너다 보면 왜 그런 이름이 붙었는지 쉽게 알 수 있다. 한국전쟁 당시 화천과 양구를 통해 춘천으로 들어올 수 있던 다리는 소양1교뿐이었다. 그렇다 보니 치열한 전투를 피할 수 없었다. 그때 생긴 총탄 자국이 아직도 선명하게 남아 있다.

소양1교는 낮은 난간 때문에 사고 위험성이 있어 철제로 보강했다. 그래도 누군가 뛰어내릴 수 있는 높이라 곳곳에서 '다시 시작할 수 있다'거나 '피지 않는 꽃은 없다'는 등의 문장을 만날 수 있다. 중간쯤 생명의 전화가 있는 사정도 비슷한 이유다. 전쟁 중 수많은 사람들이 죽었던 다리가 스스

곰보다리의 총탄 자국 춘천에서 가장 오래된 소양1교의 다른 이름은 곰보다리다. 이는 한국전쟁 당시 생긴 총탄 자국 때문이다.

로 생을 마감하려고 선택하는 다리가 된 것을 떠올리면 다리를 건너는 걸음이 한없이 묵직해진다.

소양강댐이 들어서기 전 소양1교 아래는 당시 몇 안 되던 유원지였다. 지금과는 달리 모래사장이 있었기 때문이다. 여름이면 수영을 즐기고 겨울이면 스케이트를 탔다고 전해지는데 지금은 흔적을 찾기 어렵다.

겨울이면 유난히 사람들이 몰리는 다리

소양3교에는 유독 겨울에 사람들이 몰려든다. 소양강에 피어오르는 상고대를 찍기 위해서다. 상고대는 나무나 풀에 내려 눈처럼 된 서리를 뜻한다. 땅과 가까운 자리에 만들어지는 서리와는 달리 상고대는 나무에 생긴다. 공기 중 물방울이 나뭇가지마다 엉겨 붙어 동결되니 앙상했던 겨울나무에 하얀 꽃이 핀 것처럼 보인다.

상고대는 쉽게 볼 수 없다. 습도가 높으면서 기온이 낮아야 하고 적당한 바람까지 도와줘야 한다. 주로 호수 근처나 고산지대에서 볼 수 있는데 특히 햇빛마저 희미할 만큼 안개가 짙은 날에 잘 보인다고 한다. 그나마도 오랫동안 볼 순 없다. 해가 떠오르면 상고대도 녹아 사라져버리기 때문이다. 태백산, 덕유산과 함께 소양강은 상고대를 만날 수 있는 귀한 장소다. 12월에서 1월 사이 소양강에서 상고대를 기다리는 사람들이 많은 것도 그 때문이다. 상고대는 매년 춘천의 겨울 풍경을 수놓는다.

지금은 소양강을 건너는 다리가 일곱 개지만 신사우동과 동면 장학리를 연결할 소양8교가 건설을 앞두고 있다. 오늘도 춘천 사람들은 소양강을 건너거나 강변에서 혹은 댐에서 시간을 덧대고 있다. 해 질 무렵 애절한 노래 한 자락을 떠올리기도 하고 한국전쟁을 되새기거나 유원지가 있던 자리를 더듬어볼지도 모르겠다. 소양강댐이 없던 시절을 기억하는 이라면 나룻배로 오가던 물길을 돌이켜보며 고단하기만 했던 삶을 마주할 수도 있겠다. 소양강은 춘천 사람들의 마음에 저마다 다른 빛깔로 번져 있다. 그 빛깔은 오랫동안 지워지지 않을 정도로 완연하다.

- **소양정** : 1984년 6월 2일 강원도문화재자료 제1호로 지정되었다. 삼국시대에 만들어져 1,500년 동안 시인들에게는 시상을 던져줬고 나그네에겐 쉼터였고 선비들에게는 만남의 장소였다. 여기서 김시습은 「소양정에 올라」라는 시를 전하고 청평사로 향하기도 했다. 요산요수를 보여줘 '이요루'라 불리다 조선 순종 때 소양정으로 불려 지금까지 이어지고 있다. 소양정에서 내려다보면 가장 넓은 시야로 소양강과 북한강이 만나 의암호를 이루는 모습을 볼 수 있다.

- **소양로비석군** : 조선시대 후기 춘천에 부임한 관리들의 공적을 기록한 비석들을 모아놓은 곳이다. 관찰사비 3기, 부사비 15기를 비롯해 군수비 2기 등 총 26기가 있다. 백성들이 관직에 있는 이의 은혜를 생각하며 세워 선정비(善政碑)라 부르기도 한다. 관리들이 선정비를 세우라고 강요하거나 자신이 직접 세우기도 했다고 전해진다. 일제강점기 때 강원도 지사였던 이범익의 '영세불망비(永世不忘碑)'와 친일 행적을 잊지 말자는 의미의 단죄문을 나란히 볼 수 있어 아픈 역사를 돌이켜볼 수 있다. 여기저기 흩어져 있던 것은 1940년대와 1983년에 한곳으로 옮겨놓았다. 2013년 춘천시향토문화유산 보호조례가 시행된 후 2017년 처음으로 향토문화유산으로 지정되기도 했다.

03 명동

가장 활발하고 뜨거운 번화가

소양강에서 시내버스를 타면 대개 중앙로를 지나간다. 한국전쟁 이후 중앙로에는 춘천에서 제일 먼저 4차선 도로가 뚫렸다. 시청과 도청을 비롯해 인접 도시로 연결되어 있어 교통량이 많았기 때문이다.

그 중심에 명동이 있다. 지금과 달리 예전에는 은행에 가려고 해도, 병원에 가려고 해도, 하다못해 옷이라도 한 벌 사려고 해도 명동으로 나와야 했다. 어린이날 아버지가 선물을 내밀며 '명동에서 사온 거'라고 하면 한껏 들떠서 포장을 푸는 손길이 분주해졌다. 명동에는 없는 게 없었다. 명동에 없다면 그건 춘천에 없다는 뜻이었다.

강원도에서 가장 비싼 땅

강원도에서 가장 비싼 땅은 어딜까. 국토교통부가 발표한 개별공시지가에 의하면 춘천 명동 입구의 한 상가인 것으로 나타났다. 2019년을 기준으로 3.3㎡당 4,171만 원으로 산출되었다고 한다. 그 외 상위 10위권 중 2018년 기준으로 7곳이 춘천 명동 근처인 중앙로와 조양동에 몰려 있다. 두 번째로 비싼 땅도 1위와 불과 100m 정도 거리에 있다.

강원연구원의 '중앙로 지하도로 겸 상가시설 관리 및 활성화 방안 연구 보고서'를 살펴보면 명동에는 1,466개의 점포가 모여 있고 유동 인구도 춘천에서 가장 많다. 중앙로를 중심으로 브라운상가, 지하상가, 닭갈비골목, 낭만시장, 육림고개 등과 연결된 큰 상권이다 보니 언제든 사람들로 붐빈다. 뿐만 아니라 각종 관공서가 가까이 있고 한림대학교와 춘천고등학교, 성수고등학교도 멀지 않은 자리에 있다.

명동이라 하면 '춘천에도 명동이 있어요?'라며 묻는 이들이 많다. 사실 춘천에는 명동이라는 지명이 없다. 서울 명동을 축소해놓은 것처럼 번화하다고 해서 조양동의 한 골목을 명동으로 부르던 것이 지금까지 이어지고 있다고 한다. 영화 '챔피언'에 나온 예전 서울 명동거리는 실제 춘천 명동에서 촬영한 것이기도 하다.

어릴 때 춘천 명동은 마치 다른 세계로 통하는 문 같았다. 너무 거대해서 발을 들여놓기만 하면 빨려 들어가 영원히 돌아올 수 없을 것 같은 세계.

아버지는 경고처럼 단단한 목소리를 냈다.

"절대 혼자 명동에 나가면 안 된다."

"왜요?"

그때마다 아버지는 다른 얘기를 했다. 가면을 쓴 사람들이 잡아간다고 할 때도 있었고, 뒤에서 누군가가 밀치고 도망간다고도 했다. 넘어져도 일으켜 세워주는 사람은 없고 짓밟는 사람들만 있을 뿐이라거나, 주머니에 있는 건 쥐도 새도 모르게 다 훔쳐간다고 할 때도 있었다. 그저 아이가 혼자 번화가를 돌아다니다 길이라도 잃을까 걱정했던 목소리였지만 그럴수록 명동에 대한 상상이 부풀어 올랐다.

세탁소에 딸린 단칸방에서 조금 걸어 나와 길만 건너면 명동이었다. 하지만 고작 4차선 도로를 건너는 일이 마치 거친 물결을 헤치고 강을 건너 정글을 지나는 일만큼이나 망설여졌다. 기껏 횡단보도 앞까지 가선 멀리 반짝거리는 불빛이나 희미하게 울리는 노랫소리와 그 사이로 번지는 웃음만 마주하곤 했다. 어느 날은 거대한 덩어리가 일렁여서 자세히 들여다 보니 빼곡하게 들어선 사람들이었다. 세상 사람들이 나만 빼고 모두 명동에 모여 있는 것만 같았다. 화려한 네온사인에서 뿜어져 나오는 빛이 사람들 표정에 차례차례 얹히고 노래가 몇 번 바뀔 때까지 근처를 맴돌다 세탁소로 돌아올 때가 잦았다.

브랜드와 프랜차이즈의 세계

명동을 구경할 수 있는 기회는 엄마와 함께일 때뿐이었다. 발을 동동 구르는 나를 본 엄마는 돌아가더라도 볼일 보러 가는 길에 명동을 끼워 넣었다. 엄마의 볼일은 대부분 세탁하거나 다림질한 옷을 배달하는 것이었다. 한 손엔 옷을 들고 다른 손으론 내 손을 잡은 엄마는 종종거리며 명동을 돌아다녔다. 나는 엄마의 발걸음을 따라잡으려고 안간힘을 쓰면서 열심히 두리번거렸다. 조금이라도 더 많은 간판과 사람들, 쇼윈도를 보기 위해 눈동자는 쉴 새 없이 움직였다.

그 기억 중 일부는 지금까지 남아 있다. 통유리 너머로 빵 굽는 냄새가 건너오던 거북당과 평생 동안 한 번씩 입어봐도 다 못 입을 옷이 촘촘하게 걸린 가게, 무엇이든 다 팔

것만 같은 대영프라자. 명동은 뭐든 다 큼직하고 많아 동네 구멍가게가 괜히 시시하게 느껴졌다. 같은 과자인데도 명동에 있으면 훨씬 근사해 보였다. 아버지가 "사람은 큰물에서 놀아야 한다"고 할 때면 늘 명동을 떠올렸다.

크고 많기는 사람들도 마찬가지였다. 그 많은 인파 속에서 누구와도 부딪히지 않고 유연하게 걷던 사람들과 그들의 발랄하고 경쾌했던 걸음걸이는 어딘지 모르게 세련됐다. 그 걸음을 따라하다가 발이 꼬이는 바람에 엄마에게 기대야 할 때도 많았다. 그때 엄마는 블라우스나 구두가 있는 쇼윈도나 다방을 기웃거리다가 빨갛거나 파란 불빛이 뺨에 닿으면 슬쩍 웃었다. 어디선가 좋아하는 노래가 흘러나오면 걸음을 옮겨 그 자리에 한참 서 있기도 했다. 레코드가게 앞에서 음악을 듣다 보면 시간이 빠르게 흩어졌다. 명동에서는 누군가 시간을 마구 흔들고 부수는 것일지도 모른다고 생각했다. 돌이켜보면 그때 엄마에게는 그 시간이 잠시나마 좁은 세탁소를 벗어나는 즐거움이 아니었을까 싶다.

나에게 명동은 브랜드와 프랜차이즈의 세계이기도 했다. 인천에 사는 친척 누나가 "춘천에도 이런 거 있어?" 하고 물을 때 "당연하지"라고 대답할 수 있었던 것들은 다 명동에

있었다. 패스트푸드점도 그중 하나였다. 그땐 그 안에 들어
서는 것만으로도 우쭐해졌다.

처음 패스트푸드점에 들어섰던 것은 우연히 동네 아줌마
를 만나서였다. 아줌마는 뭉그적거리는 내게 데리버거를 사
줬다. 처음 먹어보는 티를 내지 않겠다고 다짐했지만 한입
베어 무는 순간 나도 모르게 탄성을 내질렀다. 한입 더 먹었
을 땐 다리까지 후들거렸다. 어쩌면 명동을 돌아다니는 사람
들의 활달한 표정이 다 데리버거 때문일지도 모른다는 생각
이 들었다. 그래서 데리버거를 명동의 맛이라고 생각했다.

그날부터 틈만 나면 데리버거를 사달라고 졸랐다. 하지
만 아버지는 햄버거를 먹으면 이빨이 썩는다거나 설사를 한
다는 이유로 꿈쩍도 하지 않았다. 학교에서 상을 탄 날이나
생일처럼 특별한 날에만 마지못해 명동으로 데려가 데리버
거를 사줬다. 그쯤 나는 어떻게든 하루를 특별한 날로 만들
궁리에 빠졌지만 번번이 실패했다. 작년보다 키가 자라서
혹은 개교기념일이라서 특별한 날이라고 우겼지만 소용없
었다. 아버지가 데리버거를 사준 날은 1년에 고작 서너 번
뿐이었다. 그런 날이면 일기에 매일매일 데리버거를 먹을
수 있다면 행복할 거라고 썼다.

데리버거를 먹었던 자리는 여전히 남아 있다. 그 외 명동에서 그 시절을 고스란히 보여주는 상점은 드물다. 아마 속옷가게와 안경점, 분식점 정도가 그 자리에 그대로 있는 듯하다.

유행과 사회에 가장 먼저 반응하는 거리

명동은 유행을 가장 빠르게 반영하는 거리였다. 그만큼 상점이 사라지고 새로 들어서는 일도 잦았다. 변하지 않는 게 있다면 여전히 활기차게 움직이는 사람들의 걸음과 웃음, 여기저기 울리는 유행가와 휘황찬란한 간판이다.

쉽게 볼 수 있는 외국인 무리도 여전하다. 예전 명동에는 미군부대였던 캠프페이지에서 나온 미군들이 많았다. 미군들은 명동을 더 특별하고 낯선 공간으로 만들었고, 아버지에게는 내가 명동에 혼자 돌아다니면 안 되는 또 다른 이유가 되었다. 최근에는 중국과 일본에서 단체나 가족 단위로 많이 찾는다. 그 중심에는 2002년 KBS에서 방영한 드라마 '겨울연가'가 있다. 죽은 줄 알고 겨우 잊었던 첫사랑을 다시 만나면서 뒤엉킨 감정을 그린 드라마는 많은 시청자들의 공감을 이끌어냈다.

명동거리의 과거(위)와 현재(아래) 명동은 언제나 유행에 가장 민감하게 반응하는 거리
였다. 위의 사진은 1970년대에 원피스와 청바지를 입고 거리를 활보하는 사람들의 모습
이며, 아래는 명동의 현재 모습이다.

66

'겨울연가'에는 오래전 춘천의 수수한 모습이 담겨 있다. 그중 명동은 준상이 교통사고를 당하고 이후 과거 기억을 찾는 등 중요한 장면의 배경이었다. 특히 유진이 준상을 애타게 기다리던 장소가 명동 한복판이었다. 함박눈이 내리는 날 서로 엇갈리는 장면이 애틋하게 그려진 덕분인지 그 자리를 찾는 관광객들이 많았다. 달라진 주변에도, 눈이 내리지 않는 날에도 유진이 기다렸던 자리에는 관광객의 발길이 끊이지 않았다. 지금은 그 자리에 배우들의 모습을 담은 동상과 핸드프린팅이 설치되어 있다. 겨울이면 관광객이 동상에 목도리를 둘러주기도 하고 핸드프린팅 위에 가만히 손을 얹어보기도 한다. 20년 가까이 지난 지금까지 이야기의 배경을 찾아오는 걸음은 다정하고 따뜻하다. 역시 '겨울연가'의 배경이었던 남이섬에서도 주인공의 동상을 만나볼 수 있다. 명동의 동상이 성인이 된 모습을 담고 있는 것과 달리 남이섬의 동상은 학창시절 모습을 형상화했다.

선거철이면 명동은 유난히 더 북적였다. 명동은 역대 대통령 후보가 강원도를 방문할 때마다 빠지지 않는 유세 현장이었다. 사회문제가 불거지거나 캠페인이 전개될 때도 그 중심에는 명동이 있었다. 안타까운 사연을 가진 사람들을 도와주거나 전염병이 돌아 예방 수칙을 지켜야했던 시기에도 명동에 모였고, 부당한 대우에 힘없이 쓰러지는 사람들을 위로해주려 모이거나 구세군 자선냄비가 들어선 장소도 명동이었다. 그래서 예전에는 춘천에서 현수막이 가장 많이, 촘촘하게 걸리기도 했다. 유행에 민감할 뿐만 아니라 사회 안팎에서 일어나는 모든 일에 가장 처음 반응하는 장소였던 셈이다. 그 열기는 지금도 뜨겁게 맴돌고 있다.

초등학교에 다니면서부터 매일 명동을 지나다녔다. 이른 아침 한산한 명동과, 하굣길 노랫소리와 빛과 사람들로 꽉 찬 명동을 부지런히 통과했다. 사람들이 모인 자리를 기웃거리다 보면 지금 무슨 일이 일어나고 있는지 알 수 있었다. 그래서 오가는 길이 더뎠고 어른이 되면 하고 싶은 일을 떠올렸다. 그래봐야 고작 카페에서 커피를 마셔보겠다거나 동전을 잔뜩 바꿔놓고 종일 오락실에 있겠다는 것뿐이었다. 패스트푸드점에서 파는 모든 햄버거를 다 맛보겠다고 다짐하기도 했다. 명동은 그런 상상과 어울렸다.

몇 년 전 오랜만에 명동의 패스트푸드점에 앉았다. 1년에 서너 번쯤 아버지와 마주 앉았던 자리였다. 레코드가게 앞에서 음악을 듣던 때처럼 시간을 순식간에 오가는 듯한 기분이 들었다. 이제 아버지는 명동에 혼자 돌아다니지 말라고 하지 않았다. 예전 일기에 썼던 것처럼 매일 데리버거를 사 먹을 수도 있는 나이가 되었기 때문일 것이다. 이어서 썼던 문장처럼 행복한지는 잘 모르겠다. 그저 창가 쪽으로 시선을 돌렸다. 여전히 생기 넘치는 사람들 틈으로 먼 나라에서 굶주리고 있는 아이들을 돕기 위한 서명운동이 한창이었다. 지금은 도심이 분산되었지만 오래전 그랬던 것처럼 명동은 춘천에서 가장 뜨거운 거리로 남을 것이었다.

오랜만에 데리버거를 베어 물었다. 명동의 맛이라고 생각했던 예전과 같은 맛이었다. 그러고 보니 꼭 맞은 편에 아버지가 앉아 있는 것만 같았다. 그때 아버지가 지었던 미소나 목소리는 흐릿했다. 반쯤 먹었을 때 문득 스치는 생각이 있었다. 아버지와 같이 왔던 그때도 주문한 데리버거는 늘 한 개뿐이었다.

창가로 보이는 명동이 일순 짓뭉개졌다.

04 닭갈비골목

싸고 푸짐한 춘천의 대표 음식

명동에서 샛길로 파고들면 지글지글 볶는 소리와 담백한 냄
새가 사람들을 반긴다. 골목 안인데도 명동 못지않게 활기
가 넘친다. 명동만큼이나 긴 거리에 오밀조밀하게 들어선
닭갈비집들 때문이다.

걸음마다 군침을 삼키게 되는 골목에는 춘천에서만 들을
수 있는 이야기가 숨어 있다. 어떤 이야기는 큰길 한가운데
가 아니라 가장자리에서 시작된다.

춘천을 대표하는 먹을거리

2018년 2월 CNN에서 '한국 음식 Best 10'을 소개할 때 두
번째로 소개된 음식은 춘천닭갈비였다. 춘천시민이 생각하

는 춘천을 대표하는 이미지 중 먹을거리 분야에 닭갈비가 선정되기도 했다. 2019년 6월 춘천시가 수도권 시민을 대상으로 진행한 설문조사 결과에서도 춘천하면 떠오르는 단어로 41.4%가 닭갈비를 꼽았다. 이쯤 되면 모바일 게임에 등장한 춘천의 랜드마크가 닭갈비집인 것도 이해할 수 있겠다.

춘천에서 닭갈비가 갖는 의미는 음식 이상으로 견고하고 깊다. 전국에 체인점을 두고 있는 닭갈비업체가 유독 춘천에서는 문을 열지 못하는 까닭도 비슷할 것이다. 닭갈비 가격은 춘천 물가지수 반영에 직접적인 기준이 되기도 한다. 춘천에서는 닭갈비 1인분 가격이 얼마나 올랐는지를 두고 물가 변동을 판단한다는 뜻이다. 그러니 춘천에서 현금동원력이 가장 큰 곳이 대형 닭갈비업체라는 얘기도 영 허튼소리만은 아닐 것이다.

춘천 일대에서 닭갈비를 파는 업소는 200여 곳이 넘는다. 그래서인지 초등학교에 다닐 때 부모님께서 닭갈비집을 하시는 아이가 한 반에 두세 명은 있었다.

당시 좋아하던 친구에게 방학 동안 편지를 보내고 싶어 주소를 물었던 적이 있다. 그 아이는 '춘천 명동 닭갈비골목'을 쓴 다음 뒤에 닭갈비집 이름만 써서 줬다. 나는 허망한 표정을 숨기지도 못하고 그러지 말고 정확한 주소를 알려달라고 했다. 떼를 쓰는 듯한 말투가 되지 않도록 애썼지만 이미 목소리는 절반쯤 갈라져 있었다. 아이는 한숨을 내쉬면서 대답했다.

"닭갈비골목이라고만 써도 편지 와."

단호한 목소리라 더 물을 수도 없었다. 내게 주소를 알려줄 생각이 없고 내 편지를 받고 싶지도 않은 게 분명하다고 생각했다. 반송돼도 어쩔 수 없다는 생각으로 밤새 꾹꾹 눌러쓴 편지를 보냈다. 편지가 반송되면 개학식 날 따질 생각이었지만 며칠 지나지 않아 답장이 왔다. 보낸 사람 주소에는 닭갈비골목과 닭갈비집 이름뿐이었다.

닭갈비골목 주소는 '금강로62번길'이다. 하지만 그쪽에서 일하시는 분께 주소를 여쭤보면 몇몇은 그냥 닭갈비골목이라고만 하신다. 그렇게만 써도 편지든 택배든 다 알아서 온다는 것이었다. 나중에는 오히려 닭갈비골목이라 안 쓰고 정확한 주소만 쓰면 헷갈린다는 얘기까지 나왔다. 어떤 곳은 주소보다 명확하고 자주 불리는 이름이 있기도 하다. 하지만 처음부터 닭갈비골목이라고 하면 모두가 알아들었던 것은 아니었다.

춘천닭갈비의 유래

닭갈비의 유래에 대한 의견은 다양하다. 그중 신라시대에 닭을 잡아 내장을 빼고 양념을 넣어 제사상에 올린 것이 시작이라는 게 가장 오래전 이야기로 보인다.

춘천에는 예전부터 도계장이 많아 닭을 이용한 요리가 발달하기에 적합했다. 캠프페이지 근처에도 제법 규모가 큰 양계장이 있었다고 전해진다. 이후 춘천에 닭갈비가 등장한 배경은 여러 이야기로 나뉜다. 1958년 춘천 중앙로에는 닭고기를 잘게 썰어 양념과 함께 불고기처럼 구워 내놓는 식당이 있었다고 한다. 1950년대 예전 조흥은행 본점 자리에서 닭불고기집으로 시작되었다는 이야기와 같은 맥락이다. 한쪽에서는 1970년대 낙원동이나 요선동이 처음이라는 목소리도 있다. 1974년 춘천군청이 있던 자리(현재 명동 근처 브라운5번가)의 육림닭갈비를 첫 닭갈비집이라고 보기도 한다. 이어서 비슷한 시기에 대성, 우미, 제일이라는 이름의 식당에서 닭갈비를 내놓았다는 것이다.

춘천시에서 내놓은 공식 견해에 의하면 닭갈비는 1960년대 김영석 씨가 운영하던 선술집에서 시작된다. 선술집의 위치는 현재 의원이 있는 '중앙로 59'로 닭갈비골목과 멀지 않은 자리다. 당시 막걸리 안주로 준비하던 돼지고기가 떨어져 닭 두 마리를 돼지갈비처럼 양념해서 팔기 시작한 것이 최초의 닭갈비라는 것이다. 처음에는 허름한 식당 구석에 적힌 메뉴였지만 점점 인기를 끌어 어느새 가장 잘 팔리는 메뉴로 자리 잡았다. 이후 닭갈비만 파는 식당이 춘천 여기저기 들어섰다.

그 시절 닭갈비는 양념한 닭고기를 석쇠에 올려 숯불로 구워 먹는 방식이었다. 1980년대 채소를 넉넉히 넣고 볶아 먹는 형태가 나오고 대중매체에도 소개되면서 춘천닭갈비는 유명해지기 시작했다. 그쯤 춘천향토음식으로 선정되었고 닭갈비골목도 형성되었다. 이후 1990년대에 이르러 닭갈비하면 흔히 떠올리는 12mm 두께의 원형 무쇠불판이 등장했다고 알려져 있다. 비슷한 시기에 가스 공급이 확대되면서 이전에 쓰던 연탄불은 서서히 사라졌다.

닭갈비에 사용되는 고기는 갈비가 아니라 허벅지살이다. 닭의 갈비는 살도 많지 않고 먹을 게 별로 없는 부위다. 그래서 예전부터 먹기에는 양이 적고 버리기에는 아깝다는 의미로 '계륵'이라 불렀다. 따지고 보면 닭 불고기라고 불러야 하는데 왜 닭 '갈비'로 알려져 있을까.

닭을 뼈째 토막 낸 것이 갈비와 비슷해서 붙여졌다는 이야기도 있지만 다른 이야기가 더 널리 퍼져 있다. 예전에도 갈비는 비싸고 귀했다. 1년에 몇 번 먹어보지 못할 고급 음식 중 하나였는데 고기 중에는 소나 돼지보다 그나마 닭고기가 저렴했다. 그래서 갈비는 아니지만 갈비 먹는 기분이라도 내자는 의미에서 닭갈비로 불리기 시작했다는 것이다. 고등어를 고갈비라고 부르는 것도 비슷한 사정이다.

오래전부터 닭갈비는 서민과 가까운 음식으로 싸고 푸짐했다. 1970년대 닭갈비는 1인분씩 팔지 않고 1대씩 팔았다. 닭갈비 1대 가격은 100원이었다. 1978년 삼양라면과 초코파이가 50원이었고, 1979년 서울 지하철요금이 60원이었다는 것을 생각해보면 닭갈비는 갈비라는 이름치곤 무척 저렴한 편이었다. 1978년 병장 월급이 3,460원이었다고 하니 닭갈비는 누구든 부담 없이 만만하게 접근할 수 있는 음식이었을 것이다. 그래서 '서민갈비'나 '대학생갈비', '군인갈비'로 불렸다. 갈비를 먹기에 부담스러웠던 이들에게 위로가 되던 음식이었기 때문이다.

닭갈비의 변천사

어렸을 때 아버지가 외식하자거나 고기를 사준다고 하면 대부분 닭갈비를 두고 하는 말이었다. 그땐 닭갈비를 주문하면 뼈가 있는 닭을 양념해 통째로 내왔다. 어떻게 먹어야 하는지 몰라 멀뚱거리다 보면 아주머니께서 나타나 일일이 잘라주었다. 가위질 몇 번으로 닭은 금세 먹기 좋은 크기로 잘렸다.

이후 뼈가 있는 닭갈비와 뼈가 없는 닭갈비를 같이 팔았고 나중에는 지금처럼 뼈를 발라낸 메뉴만 남았다. 푸짐하게 먹으려고 채소와 함께 볶던 것이 이제는 고기와 채소를 균형 있게 먹을 수 있는 건강식이 되었다. 양파, 생강, 마늘, 소금, 후추, 고춧가루 등으로 만든 양념을 기본으로 닭갈비 집마다 카레가루나 과일을 넣어 맛을 내기도 한다. 최근에는 해산물이나 치즈, 버섯, 내장을 넣어 새로운 맛을 선보이는 식당도 많다. 담백한 닭고기는 떡이 주는 쫄깃한 식감과 들큼한 고구마와 만나 입안에서 느긋하게 퍼진다. 느끼해진다 싶을 때쯤 아삭한 무를 한입 베어 물고 알싸한 동치미 국물까지 들이켜면 마음까지 푸근해진다.

닭갈비만으로 부족하면 우동사리와 볶음밥으로 허기를

달랠 수 있다. 학교 다닐 때는 괜히 볶음밥이 너무 짜다고 하는 친구들도 더러 있었다. 그러면 아주머니는 모르는 척 밥을 더 넣어 볶아줬다. 아주머니를 속였다고 생각했지만 돌이켜보면 푸근한 인심이었던 것 같다. 친구들이나 가족이 가면 별이나 클로버 모양으로 볶음밥을 만들어줬지만 연인이 가면 어김없이 하트 모양이었다. 사귀는 사이가 아니라고 하면 "그럼 오늘부터 사귀면 되겠네"라는 말만 남기고 사라지곤 했다. 그렇게 시작된 연인들은 닭갈비를 잊지 못할 것이다.

춘천닭갈비는 드럼통 위에 놓인 동그란 철판에서 먹는다. 그래서 어디에 앉더라도 먹기에 부족하지 않아 좋은 자리와 나쁜 자리가 따로 없다. 시선을 돌리면 누구와도 쉽게 얼굴을 마주할 수 있다. 구석에 앉아 소외받는 사람이 없는 구조다. 그래서 닭갈비는 모두에게 공평하다. 닭갈비만큼이나 동그랗게 모여 앉은 분위기가 좋았다.

닭갈비는 방심하는 순간 타버려서 망치는 음식이 아니었다. 아주머니도 틈틈이 봐주니 익는 동안 얼마간 느슨해져도 괜찮았다. 그사이 지루해져 드럼통을 발로 통통 두드리면 건너편에서 아버지는 자꾸 웃었다. 닭갈비에서 뿜어지는 뿌연 김 때문에 얼굴은 잘 보이지 않았지만 웃음은 분명했다. 사방에서 퍼졌던, 닭갈비만큼이나 푸짐한 웃음도 생생하다. 한쪽에서 와하하 웃으면 저쪽에 받아치는 것처럼 솟아오르던 웃음들. 지친 하루가 끝난 시간, 갈비는 아니지만 싸고 푸짐한 닭갈비를 앞에 두고 동그랗게 둘러앉아야만 나올 수 있을 것 같은 웃음이었다.

좋은 사람이 춘천에 오면 슬쩍 닭갈비골목으로 이끈다. 그리곤 푸짐한 웃음을 주고받으며 드럼통을 통통 두드린다. 예전처럼 몇 명이 둘러앉아도 더 나을 것도 없이 모두 좋은 자리에서 마주 볼 수 있다. 그래서인지 지금까지 닭갈비를 먹었던 시간은 웃음으로 오롯이 남아 있다. 언제든 웃음을 불러올 수 있다면 음식은 그것만으로 충분할지 모르겠다.

50년이 넘는 세월 동안 200m 남짓한 춘천 명동 닭갈비 골목은 그대로 남아 있다. 내가 태어나기도 전부터 한자리에 있던 닭갈비집이 수두룩하다. 어지간하면 50년 전통이고 2대째나 3대째 이어져 오고 있는 곳도 많다. 지난 웃음이 사라지지 않고 온전한 모습으로 남아 있는 것처럼 다행이다. 어느새 웃음은 닭갈비를 굽는 오래된 무쇠불판처럼 내내 따뜻하고 단단해진다.

05 청구서적
춘천시민들의 만남의 장소

명동에서 기다림의 시간이 가장 두껍게 쌓인 자리는 청구
서적일 것이다. 청구서적은 춘천에서 제일 큰 서점 중 하나
였다. 매년 꽃샘추위가 물러갈 쯤이면 청구서적이 없어지던
날이 떠올랐다. 어떤 계절은 무언가 사라진 계절로 기억되
곤 했다.

명동에 있던 두 개의 큰 서점

1964년 문을 연 청구서적은 1991년 새로운 자리에 지하 1
층, 지상 2층 규모로 이전해 많은 사람들이 찾았다. 근처에
춘천고등학교와 춘천여자고등학교, 성수고등학교가 있어
하교 시간이면 참고서나 잡지, 소설책을 사려는 학생들로

가득했다. 청소년권장도서나 학교에서 과제로 내준 책은 늘 넉넉히 준비되어 있었다. 주말이면 나들이 삼아 나오는 가족들이나 연인들로 붐볐다. 그땐 화초를 키우고 싶어도, 컴퓨터를 배우고 싶거나 여행을 떠나기 전에도 일단 청구서적으로 가서 책을 찾았다. 청구서적을 두어 바퀴 돌면 필요해 보이는 책을 여러 권 만날 수 있었다. 세상에 책으로 얻지 못할 지식은 없었다.

계산을 마치면 책갈피를 끼워주고 서점 이름이 새겨진 띠지를 둘러줬다. 끝으로 책머리에 도장을 찍어주면 비로소 온전히 나의 책이 되었다. 명동에서는 청구서적에서 산 책을 품고 다니는 사람들을 심심찮게 볼 수 있었다.

청구서적과 멀지 않은 자리에 있던 학문사는 1964년 학원사를 시작으로 1965년 서울서점을 인수하면서 규모를 키웠다. 그 뒤 학문사로 이름을 바꾸고 40여 년간 문을 열고 책을 찾는 사람들을 맞았다. 서울서점을 인수했을 당시 학생이던 소설가 이외수와 한수산이 즐겨 찾던 서점으로도 전해졌다. 학문사는 1978년 지방에서는 처음으로 서점을 2층으로 확대해 시선을 끌기도 했다.

춘천 명동에 있던 두 개의 서점을 주목하는 이들이 많았

청구서적 춘천에서 가장 큰 서점이었던 청구서적은 서점을 찾는 발길이 줄면서 2006년 문을 닫았다.

다. 고작 140m쯤 떨어진 자리에 있다 보니 치열한 경쟁으로 한쪽이 문을 닫을 거라고 예상했다. 나중엔 두 서점 주인이 서로 형제라거나 사실 한 사람 소유라는 소문도 돌았다. 그러지 않고서야 오랫동안 나란히 운영될 수 있었던 이유를 찾을 수 없었기 때문이다. 이유는 단순했을지도 모른다. 1990년대까지 춘천 서점들은 비슷한 인구의 인접 도시보다 2배 가까운 판매량을 기록했다고 한다. 책을 찾는 사람이 많았던 만큼 서점을 찾는 발길도 꾸준히 이어졌을 것이다.

2001년 학문사가 문을 닫았다. 이후 청구서적도 2006년 4월 운영이 어려워 폐점을 결정했다. 42년 만의 일이었다.

춘천에는 1970년대부터 서점이 급격하게 늘면서 90년대에는 서른 개의 서점이 운영되기도 했다. 하지만 2000년대 중반에 이르러 스무 군데 정도로 줄었다. 10년 사이 열 군데가 문 닫은 셈이다. 독서 인구 급감과 1990년대 후반 인터넷서점 활성화로 이어진 경영난 때문이었다. 음반가게, 비디오 대여점, 오락실, 다방처럼 어느새 서점이 있던 자리도 지워졌다. 누군가는 서점이 아니라 서점에서 책을 고르던 시간이 도려내듯 사라지는 것처럼 쓸쓸한 표정을 감추지 않았다.

기다림을 설레게 만들어줬던 작은 공간

청구서적이 사라진다는 소식에 춘천 사람들의 걱정은 거의 비슷했다.

"그럼 우리 이제 어디서 만나?"

청구서적 앞에는 두세 뼘쯤 되는 턱이 있었다. 그 턱에 걸터앉아 누군가를 기다리거나 잠깐 쉬어가는 사람들이 많았다. 소나기를 피하기에도 알맞았다. 좀처럼 비가 그칠 기미를 보이지 않으면 청구서적으로 들어섰다. 서성이는 동안 책 한 권쯤 사는 일은 그리 특별한 일이 아니었다.

기다리는 사람이 늦어도 청구서적에서라면 괜찮았다. 안

으로 들어서면 왼쪽에는 잡지코너가 있었고 그 뒤로 시집이 가득 꽂혀 있었다. 시집을 뒤적거리고 있으면 누군가 유리창을 두드렸다. 일순 많은 사람들의 시선이 한꺼번에 바깥을 향했다. 내가 기다리던 사람이거나 옆 사람이 기다리던 사람이었다. 어떨 땐 지나가던 사람이 우연히 알아볼 때도 있었다. 그런 식으로 얼마나 많은 사람들이 만났을까.

돌이켜보면 턱을 두지 않았으면 서점 안에 더 많은 책을 들여놓을 수 있었을 것 같다. 하지만 그 두세 뼘쯤 되는 턱과 오랫동안 책을 읽어도 쫓아내지 않던 직원들의 따뜻한 미소, 읽을 만한 책을 권해달라고 하면 단순히 잘 팔리거나 유명한 책이 아니라 이야기를 귀담아 듣고 나서 마침내 골라준 한 권의 책이 청구서적을 좀 더 서점답게 했다.

푸른 언덕이 사라지고 생긴 변화

'청구'는 푸른 언덕이란 뜻이다. 춘천 도심에 푸른 언덕이라는 이름이 있었다는 것은 오래전 누군가 몰래 심어놓은 씨앗이나 숨겨놓은 보물 같다.

청구서적과 학문사는 문을 닫았지만 여전히 춘천에는 보물이나 씨앗 같은 서점들이 많다. 팔호광장에 춘천문고가 있고 2017년에는 옥산가를 운영하는 춘천 향토기업에서 풍물시장 근처에 강원도 최대인 1,400평 규모로 데미안책방을 열기도 했다. 전원길의 '책방마실', 향교 옆길의 '서툰책방', 동내면의 '있는 그대로', 김유정 문학촌 근처의 '실레책방', 고양이책방 '파피루스'처럼 작지만 개성 넘치고 포근한 독립서점도 많아지면서 춘천의 감성을 풍성하게 부풀리고 있다.

청구서적이 없어지고 2년쯤 지나 신춘문예에 당선되었다. 언제 청구서적에 내 책이 놓일지, 어느 서가에 꽂힐지 상상하며 버티던 고등학생 때의 시간으로부터 멀어졌다. 그럴 일은 영영 없을 것이다.

청구서적이 있던 자리에는 생활용품점이 들어섰다. 시집이 있던 벽면은 그릇이나 쟁반, 인형 같은 것들로 채워졌다. 이제는 걸터앉을 턱도, 기다릴 사람도 없는데 가끔 그 앞을 서성이곤 했다. 어쩌면 청구서적 안에 있을 내 책을 떠올리던 시절과 만나고 싶었던 건지도 모르겠다.

- **책방마실** : 책에 관심 많은 전직 사서
와 음악을 사랑하는 인디밴드 '모던다
락방' 리더가 만나 이룬 책방이다. 안으
로 들어서면 이웃에 놀러가는 길이라
는 의미의 '마실'이 왜 책방 이름이 되
었는지 알 수 있다. 1987년 지어진 가
정집을 개조한 공간은 언제든 안개처럼 다정한 이야기가 피어오르고,
호수처럼 잔잔한 음악이 고여 있어 춘천과 잘 어울린다. 독립출판물과
직접 골라 배치한 책을 함께 따라가는 기쁨도 크다. 향긋한 커피뿐만 아
니라 뭉근한 분위기와 한번쯤 마음을 움켜쥐는 문장도 함께 '마실' 수
있다. 전시와 공연, 느긋하게 함께할 수 있는 모임도 이어져 더욱 넉넉한
공간이다. '모던다락방'의 노래 '춘천으로'에서는 춘천을 '나를 잠시 놓아
주는 곳'으로 그렸다. 그의 노래처럼 책방마실에서 우리는 늘 단단히 옥
죄기만 했던 나를 잠시 놓아줄 수 있다.

- **서툰책방** : 언제부턴가 우리는 실수하면 안 된다는 생각에 사로잡혀 있
다. 실수해도, 서툴러도 괜찮다는 목소리는 별 거 아닌 것 같지만 막상
들어본 적이 많지 않다. 서툴다는 말에는 시작이 담겨 있다. 그래서 미
숙하지만 설렌다. 서툰책방 안에는 그래도 괜찮다는 위로가 있다. 두 주
인장의 목소리를 한 공간에서 동시에 느낄 수 있다는 점도 매력이다. 두
가지의 고민과 취향이 담겨 있는 책장은 각각 뚜렷한 색채로 읽히기도
하고 때로는 겹치고 섞이면서 새로운 빛깔을 퍼뜨린다. 포장에 직접 써
주는 글씨가 품은 감성은 인쇄된 글씨로 이뤄진 책에도 닿아 한결 부드
러워진다. 그래서 서툰책방에서는 평소 마음에 담아둔 문장을 꺼내게
된다. 그 문장이 서툴러도 괜찮기 때문이다.

06 경춘서점

헌책을 팔지 않는 헌책방

경춘서적 안에 들어서면 짭조름하고 들척지근한 냄새가 뒤섞여 반긴다. 기다란 테이블 뒤로 무언가를 굽고 데우는 손길이 분주하다. 식기에 젓가락이 부딪히는 소리 사이로 규동이나 새우튀김이 적힌 메뉴를 볼 수 있다.

다시 나가 가게 바깥을 훑어본다. 아무리 봐도 간판은 경춘서적이다. 옆에는 작은 글씨로 '일반음식점'이라고 쓰여 있다. 어리둥절해서 시선을 틀면 옆간판이 보인다. '경춘서점' 위에 '책'이 또렷하다. 지하나 2층에 서점이 있는 걸까 싶지만 문은 하나밖에 없다.

그러니까 여기가 식당이라는 걸까, 서점이라는 걸까.

다른 시간으로 넘어가는 통로, 헌책방

청구서적이나 학문사에 찾는 책이 없다면 경춘서점에 기대를 걸었다. 그중 많은 기대가 현실이 되었고 무너지기도 했다. 경춘서점에도 없다면 포기했다. 춘천에서 구할 수 없는 책이었기 때문이다.

경춘서점은 헌책방이지만 그것만으론 부족하다. 낡은 것들에 대한 각별한 애정과 겹겹이 쌓인 손길과 그 위에 온기를 덧대야 한다. 그 사이에 가늠할 수 없는 긴 시간과 푹 익어야만 낼 수 있는 깊은 향기까지 불러와야 비로소 경춘서점과 가까워진다.

1954년 경춘서점은 낙원동에 문을 열었다. 2009년에서 2010년 사이 건물주의 요구와 수익이 나지 않는 상황으로 사라질 뻔했지만 다시 근처에 문을 열었다. 경춘서점은 명동에서 중앙로를 건너 골목 안으로 들어서야 만날 수 있었다. 거창한 간판이나 화려한 조명이 없다 보니 자칫 그냥 지나쳐버리기 일쑤였다.

처음에는 헌책방인 걸 알고서도 선뜻 들어서지 못했다. 책으로 빽빽해 어디가 문인지 알 수 없기 때문이다. 겨우 한 사람이 드나들 수 있는 틈을 파고들면 책의 숲이 펼쳐졌다. 순간 공기의 밀도부터 달라졌다. 빛도 성큼 물러나 자리를 내주었다. 더 들어서면 수십 년 전 누군가 내쉰 숨이 뺨에 닿는 듯했다. 이대로 낯선 세계로 흘러간다고 해도 이상할 게 없었다. 그만큼 은밀했고 어딘가로 숨어드는 느낌이었다.

주인아주머니는 날이 좋을 땐 밖에 의자를 내놓고 앉아 있었지만 서점 안쪽 깊숙한 어딘가에 들어가 있을 때가 많았다. 안으로 들어가 부르면 "여기 있다"고 했지만 어디에 있는지 도통 알 수 없었다. 목소리는 뒤에서 들리는 것도 같았고 바로 옆인 것도 같았다. 고개를 돌려보면 낡거나 더 낡은 책뿐이었다. 그래서 밖에서 보는 것과 달리 안은 굉장히 넓을 거라고 생각했다. 하지만 나중에 경춘서점이 있던 자리에 가봤을 땐 함정에 빠진 것 같았다. 이 좁은 공간에 어떻게 그 많은 책이 다 들어가 있었는지 상상하기 어려웠기 때문이다.

한 칸씩 책을 찾다 보면 어느새 사다리를 타고 아줌마가 내려왔다. 그땐 정말 다른 시간에서 건너오는 사람처럼 보였다. 어떤 책을 말하든 천장까지 쌓인 수많은 책 사이에서 정확하게 골라주니 더 신기해 보였다. 가끔 제목과 작가를 모를 때는 책의 크기나 질감만으로 찾아주기도 했다.

옛 경춘서점(위)과 현재 경춘서적(아래) 헌책이 빼곡하던 경춘서점은 2018년 문을 닫았다. 현재 경춘서점은 같은 자리에서 조금 달라진 간판을 걸고 덮밥이나 돈가스를 파는 식당이 되었다.

헌책과 함께 쌓인 시간들

경춘서점이 품고 있는 시간은 두꺼웠다. 내가 태어나기 전에 나온 책도 많았고 어릴 때 엄마가 무리해서 할부로 사준 동화전집 중 한 권도 있었다. 오래전 부도 처리된 출판사의 베스트셀러와 개정판으로밖에 구할 수 없었던 책의 초판본도 여러 권이었다.

쓸모없어 보이는 책도 있었다. 윈도우98 따라잡기, 교육과정이 바뀌기 전 교과서나 참고서 같은 책이 그랬다. 보고 있으면 지금이 몇 년도인지 생각하다가 지나온 시간을 돌이켜보게 되는 책이었다.

"이런 책은 이제 안 팔리지 않을까요?"

"그럼 무조건 버려야 하니?"

여전히 아줌마는 보이지 않았지만 목소리는 어느 때보다 선명하게 날아왔다. 마치 안 팔리지 않느냐는 질문에 대답을 하기 위해서라도 그 책이 필요하다는 듯 억센 말투였다. 대답을 따라가다 보면 국어사전을 두고 했던 말도 이해할 수 있었다.

나는 경춘서점에 지난 학기 참고서나 더 읽지 않을 책을 팔아 용돈으로 쓰곤 했다. 책을 팔러 가면 아줌마 눈빛에는 예리하게 날이 섰다. 책장을 건성으로 휘리릭 넘겨보는 것 같았지만 중간에 있는 낙서나 커피 흘린 자국을 정확하게 집어냈다. 찢겨 나간 페이지를 찾아내는 건 일도 아니었다. 표지는 같아도 출판연도에 따라 다른 내용도 훤히 꿰뚫고 있었다. 그사이 상태가 엉망이라 팔 수 없는 책과 그럼에도 찾는 사람이 있어서 싼값에 사들일 책을 빠르게 구분했다.

더러 이렇게 물어보는 책도 있었다.

"이거 진짜 팔려고?"

딱 부러지게 팔 거라고 단정 지은 책은 거의 없었다. 주저하다가 괜히 두리번거리면 아줌마는 내 쪽으로 책을 밀어냈다. 그중 하나가 동아국어사전이었다.

습작기에는 매일 사전을 들고 다녔다. 도서관에 모두 함께 보는 사전이 있었지만 책상에서 오가기 번거로웠고 줄을 서서 기다려야 할 때도 많았기 때문이다. 그렇다고 전자사전을 살 형편은 아니었다. 사전에는 그 시절 손때가 잔뜩 묻어 있었다. 단어마다 표시해놓고 밑줄까지 그어서 못 팔 것도 같았다. 하지만 질문이 이어질 줄은 몰랐다.

결국 팔았다면 얼마 지나지 않아 후회했을 것 같다. 구형 노트북으로 무거운 가방에 사전까지 넣고 도서관을 오가며

습작했던 시간을 잃어버렸다는 생각에. 그제야 팔 거냐고 물어보는 책의 기준을 알 것 같았다.

한때 경춘서점은 하루에 200명에서 300명씩 드나들었다고 한다. 하지만 문을 닫기 전쯤에는 고작 10명 남짓 찾았다고 전해진다. 헌책을 사는 사람도 파는 사람도 사라진 탓일 것이다.

현재 춘천에 남아 있는 헌책방은 팔호광장 근처 명문서점을 비롯한 몇 곳이다. '명문서점'은 1950년대부터 주인할머니를 지나 며느리까지 이어서 운영하고 있다. 그 외 남춘천역 근처에 자리 잡은 '도토리중고서적'과 '아직 숨은 헌책방'도 있다.

경춘서점이 있던 자리에는 일식당이 들어섰다. 규동과 야끼소바를 파는 이 식당 이름은 여전히 '경춘서적'이다. 예전에 쓰던 옆간판도 그대로다. 헌책방은 아니지만 여전히 경춘서점이 남아 있다는 것은 온기가 더해지는 일이다. 어떤 이름은 시간이 흘러도 애틋하고 애틋해서 쉽게 바꿀 수 없는 것일지도 모르겠다. 이제 헌책이 아니라 따뜻한 규동을 파는 경춘서적처럼.

07 피카디리
춘천 최초의 현대식 극장

청구서적에서 만난 연인들은 피카디리로 향했다.

어린 나는 피카디리를 발음할 때마다 어깨를 들썩이며 고개를 치켜들었다. 피카디리에 숨어 있는 고상한 리듬에 어른이 된 것 같았기 때문이었다. 그때마다 아버지는 다리미처럼 김새는 목소리를 냈다.

"원래 소양극장이었어."

소양극장은 한쪽 구석이 투박하게 들리는 이름이었다. 아버지는 소양극장이 피카디리가 되었다가 문을 닫을 때까지 건너편에서 세탁소를 했다.

극장의 황금시대

춘천에 가장 먼저 생긴 극장은 춘천극장이다. 1930년 판잣집 형태로 들어섰는데 우리가 알고 있는 극장과는 달리 영화 상영보다 연극과 악극에 초점을 맞춘 공간이었다. 이어서 읍애관(邑愛館)이 문을 열었고 1934년부터 영화를 상영했다. 강원도 양구에서 태어나 춘천에서 자랐던 코미디언 배삼룡이 읍애관에서 악극을 보며 꿈을 키웠다. 한국전쟁 전까지는 시민공회당에 임시로 스크린을 걸고 영화를 보는 게 전부였다고 전해진다.

이후 춘천극장은 1955년 공사를 시작해 1956년 새롭게 문을 열었다. 현재 SC제일은행 뒤쪽에서 춘천시청 앞으로 자리를 옮기고 이름도 소양극장으로 바뀌었다. 소양극장은 춘천에서 현대식 시설을 갖춘 최초의 극장이었다. 한국전쟁 이후 세련된 극장이 들어설 수 있었던 것은 춘천에 주둔해 있던 미군부대의 영향이었다. 그래서 건물 모양도 미국 영화관을 따랐다고 알려져 있다.

이후 1956년에는 중앙시장 근처에 중앙극장이, 1958년에는 캠프페이지 정문 근처에 신도극장이 생겼다. 1970년부터는 제일극장, 육림극장, 남부극장, 문화극장이 차례차

소양극장의 옛 모습 춘천 최초의 현대식 극장이었던 소양극장은 주한미군부대 영화관 자리에 들어서는 바람에 건물 모양도 미국 영화관을 모델로 했다고 알려져 있다.

례 생겼다. 당시 춘천의 연 영화 관람 인원이 100만 명을 넘어설 정도로 극장의 황금시대였다고 한다. 춘천 인구가 지금의 절반도 되지 않는 12만 명 정도였다니 극장 인기가 어느 정도였는지 예상해볼 수 있다.

90년대 들어서 소양극장은 피카디리로 이름을 바꿨다. 흰 건물 외벽이 알록달록한 오렌지색으로 달라졌고 금빛 유리도 설치되었다. 뒤편에는 401석 규모였던 피카디리보다 적은 156석 규모의 아카데미극장이 문을 열었다. 명동에 있던 문화극장도 브로드웨이라는 세련된 이름으로 단장했다. 피카디리, 아카데미, 브로드웨이 간판은 모두 눈부신 금빛이었다. 진짜 금은 아니었겠지만 어린 내게 진짜 금이라고 속였으면 속을 만큼 극장들은 번성했다.

중앙극장은 낡은 건물을 그대로 두는 대신 동시상영으로 사람들을 끌어모았다. 학교 앞에서 종종 중앙극장 할인권을 나눠줬다. 그때마다 구겨질까봐 책 사이에 끼워 넣었다. 할인권이 있다는 것만으로도 마음이 가득 차던 시절이었다.

언제나 북적이던 피카디리

아버지는 다림질을 하는 동안 틈틈이 피카디리 쪽을 내다보며 놀고 있는 나를 힐끔거렸다. 피카디리 앞 공터는 놀이터나 마찬가지였다. 춘천시청 뒷마당에서 놀면 공무원에게 쫓겨나기 일쑤였다. 제일병원 주차장 사정도 다르지 않았다. 놀이터를 찾아 학교나 효자동까지 가보면 거기 사는 아이들이 자리를 내주지 않고 훼방을 놓았다.

매표소 누나는 숨바꼭질을 하거나 제기차기를 하는 동안 적당히 모르는 척해줬다. 지나가던 사람들도 놀이에 방해되지 않게 돌아갔다. 몇몇은 같이 끼어 놀다가 가던 길을 가곤 했다. 아저씨들이 제기 차는 법이나 공 던지는 법을 일러줄 때도 있었다. 매표소 누나는 기분 좋을 때면 선심 쓰듯 카랑

카랑한 목소리로 물었다.

"너희들 영화 볼래?"

사장 몰래 들여보내주는 대신 심부름이나 청소를 시키려는 것이었다. 그때마다 우리는 한 번의 망설임도 없이 우렁차게 대답했다. 대부분 지루하거나 무슨 내용인지 알아들을 수 없는 어려운 영화였지만 극장 안에 들어가는 것만으로도 들떴다. 피카디리는 너무나도 견고한 어른들의 세계였기 때문이다.

아버지는 내가 학교에 있을 때도 피카디리를 보며 세상을 짐작했다. 사람들이 길게 줄을 서 있으면 이제 먹고살만해진 모양이라고 생각했다. 그땐 예매할 방법이 따로 없어 무작정 줄을 서야만 했다. 새치기하는 사람이 있으면 다 같이 나무랐고 화장실에 다녀오는 사람이 있으면 적당히 눈감아줬다. 노인이나 휴가 나온 군인에게는 슬쩍 양보했고 그 와중에 일이 틀어지거나 싸우는 바람에 헐값에 표를 넘기는 사람도 있었다.

피카디리 앞은 영화를 기다리는 사람들과 보고 나오는 사람들이 행인과 뒤엉켜 어수선할 때가 잦았다. 피카디리에서 나오는 사람들 중 몇몇은 세탁소로 건너왔다. 대개 바지에 껌이 붙어 있었다. 당시에는 입석으로도 영화를 볼 수 있었다. 입석표를 가진 사람은 통로에 방석을 깔고 앉아야 했는데 불편한 만큼 값이 쌌다. 개중에는 방석이 모자라거나 귀찮아서 바닥에 앉는 사람도 있었다. 그때 운이 나쁘면 껌이 붙었다. 아버지는 먹고살만해졌어도 공공질서는 지켜지지 않는다고 했다.

1992년쯤 피카디리에는 평소보다 많은 사람들이 줄을 서 있었다. 내 기억에 그때만큼 사람들로 붐볐던 적은 없었다. 줄은 공터를 넘어 건물을 에워쌌다. 연휴에도 흔히 볼 수 없던 모습이었다. 대통령이라도 온 게 아닐까 싶었다. 공터에 나온 매표소 누나는 기웃대던 내게 경고하듯 말했다.

"당분간 극장 앞에서 놀면 안 돼. 알았지?"

그림 간판을 보면 제목을 알 수 있을 테지만 까치발을 해도 보이지 않았다. 힘껏 뛰어올라도 겨우 알파벳 몇 개만 볼 수 있을 뿐이었다. 지친 나는 막 줄을 서던 여자에게 물었다.

"무슨 영화 보러 온 거예요?"

"보디가드. 요즘 이거 안 본 사람 없어."

나는 보디가드가 뭔지 몰랐다. 아버지에게 물어도 마찬가지였다. 아버지 표정은 바지에 껌을 서너 개쯤 붙이고 온 사람을 본 것처럼 일그러졌다. 아버지와 나는 그쯤을 피카디리가 가장 소란스럽던 장면 중 하나로 기억했다.

아무도 줄 서지 않는 극장

지금은 아무도 피카디리 앞에 줄을 서지 않는다. 2007년 상영을 중단할 때만 해도 곧 다시 문을 열 줄 알았지만 결국 2011년 폐관했다. 연휴 때 '조폭마누라'를 보기 위해 하루에 2,000명 가까이 드나들었다는 기사 속 장면이 이제는 그려지지 않는다. 점심에 영화를 보려면 아침부터 줄 서야 했던 날이 어제 같으면서 동시에 멀찌감치 물러났다. 스틸컷이 있던 자리도 비어 있다. 그 많던 장면들은 어디로 사라졌을까.

"이렇게 문 닫을 줄 알았으면 실컷 보여줄 걸 그랬다."

누군가 극장 앞에 살아서 영화는 많이 봤겠다고 하면 괜히 뾰로통해졌다. 극장이 코앞이어도 아버지는 좀처럼 영화를 보여주지 않았다. 애들이 보는 영화가 아니라서 혹은 싸우는 장면이 너무 많아 보이거나, 귀신이 나와서 안 보여줄 때도 있었다. 돌이켜보면 영화를 보여줄 만큼 형편이 넉넉하지 않았다. 아버지는 극장이 바로 앞이니 벌이가 나아지면 언제든 영화를 보여줄 수 있겠다는 생각으로 미안함을 달랬다.

"그렇게 미루다 보니 그새 너는 어른이 되었구나."

목소리의 귀퉁이가 닳아 있었다. 기다려주지 않고 어른이 된 게 서운하다는 듯.

아버지는 기억하지 못하지만 꼭 한 번 아버지가 영화를 보여준 적이 있었다. 같이 볼 줄 알았던 아버지는 밖에 서서 끝나면 곧장 세탁소로 오라고만 했다. 그러고 나선 매표소 누나를 향해 슬쩍 눈짓했다. 나중에야 세탁비를 받지 않는 대신 나를 극장에 들여보냈다는 것을 알았다. 그때 봤던 영화가 월트디즈니의 '인어공주'였다. 어서 들어가 보고 싶었지만 괜히 혼자 들어서는 게 어색해 한참 머뭇거렸다. 매표소 누나의 낮은 목소리가 슬쩍 등을 떠밀었다.

"끝나고 또 보고 싶으면 잠깐 화장실에 숨었다가 다시 들어가렴."

중학교에 들어가면서 용돈을 모아 극장에 드나들 수 있었다. 하지만 그때처럼 설레진 않았다. '인어공주'만큼 감동적인 영화가 없어서는 아니었다. 어쩌면 극장에 들어서는 나를 보며 뒷모습이 사라질 때까지 아버지가 손을 흔들어주지 않았기 때문일지도 몰랐다. 이제 와 그 장면을 떠올려보

문 닫은 피카디리 2011년 폐관한 피카디리는 풀지 못한 숙제처럼 아직도 그 자리에 그 대로 남아 있다.

면 조금 다른 방향으로 생각이 틀어진다. 돈 버는 것만으로도 빠듯했던 시절, 아버지도 피카디리에서 영화 한 편 보고 싶지 않았을까. 그때까지 아버지가 본 영화라곤 소양극장에서 엄마와 함께 본 '접시꽃 당신'이 전부였다.

숙제처럼 남은 문 닫은 극장들

춘천에 처음 극장이 들어선지도 어느새 90년 가까이 지났다. 어릴 때 드나들었던 극장 중 지금까지 남아 있는 건 없다. 브로드웨이극장이 있던 자리는 새로운 건물이 들어섰고,

중앙극장이 있던 자리는 공영주차장이 되었다. 아카데미 극장은 빈 건물이 그대로 남아 있다. 올려다보면 극장 이름 중 '미'에서 모음이 떨어져나간 자리를 볼 수 있다. 눈여겨보고 있으면 마치 어린 시절 일부가 떨어져나간 것만 같다.

문 닫은 피카디리도 그 자리에 남아 있다. 예전에는 1층에 크라운베이커리가 있었다. 그때는 피카디리에서 영화를 보고 크라운베이커리에 들어가 커피와 빵을 먹는 게 데이트의 정석처럼 여겨졌다. 나중에 꼭 해보리라 마음먹었지만 그 전에 모두 사라졌다. 그 자리엔 편의점과 옷가게가 들어섰다.

피카디리로 들어가는 유리문 오른쪽에는 '당기시오', 왼쪽에는 '휴관'이라는 글씨가 나란히 붙어 있다. 들어가서 상영 프로와 시간표를 올려다봤던 시간과 휴관이라 안쪽을 힐끔거릴 수밖에 없는 시간이 포개져 있는 것 같다. 돈을 밀어 넣으면 영화표와 거스름돈을 주었던 구멍도 종이로 막혀 있다. 종이 위에 누가 썼을지 모를 '휴관'이라는 글씨만 단정하면서도 쓸쓸하게 남아 있다. 관람료 7,000원만이 언제가 마지막이었는지 알려준다. 언젠가 다시 문이 열릴 수 있을까.

최근 춘천에 방치된 극장을 복합문화공간으로 조성하려

는 움직임이 주목받고 있다. 대부분 도심과 멀지 않아 접근성이 좋고 도시재생사업과도 연결된다. 그 과정에서 다양한 영화를 상영할 수 있는 극장에 대한 기대도 이어지고 있다. 춘천에는 독립예술영화 전용극장이 없기 때문이다. 얼마 전까지 18석 규모의 작은 영화관 '일시정지시네마'가 그 역할을 했지만 2019년 초 운영의 어려움으로 3년 만에 폐관해 아쉬움을 남겼다.

지금 춘천에 있는 극장은 CGV와 메가박스뿐이다. 이제 극장이 아니라 집에서도 예매할 수 있고 3D영화와 아이맥스영화도 볼 수 있다. 그래도 나는 번번이 극장 앞에 줄을 서서 혹시 이번 영화를 놓칠까봐 발을 구르던 시간으로, 극장에 온 것을 건너편 세탁소에 있는 아버지에게 들킬까봐 요리조리 몸을 숨기던 시간으로 떠밀려가곤 한다.

08 육림극장
춘천시민들에게 친숙한 이름 '육림'

'육림'이라는 이름은 춘천 사람들에게 익숙하다. 육림은 일제강점기 조선임업개발에 근무하던 사람이 모여, 1955년 묘목사업과 화물운송업을 위해 만든 춘천 향토기업이다. 이후 육림연탄과 육림공원, 육림택시로 사업을 확장했다. 춘천에는 지금도 여기저기 육림이라는 이름을 쓰고 있는 가게들이 많다.

그중 춘천 사람들에게 가장 친밀했던 것은 아무래도 육림극장일 것이다. 춘천에 살면서 육림극장에서 영화 한 편 보지 않았던 사람은 드물 테니까.

예고 없이 사라진 극장

춘천시민 여러분 그동안 성원해 주셔서 감사합니다. 경영난으로 부득이 영화 상영을 중단합니다. 내내 건강하시고 행복하십시오.

겨울이 번질 쯤 육림극장이 건네는 마지막 인사였다.

방학을 맞아 고향에 내려온 친구와 나는 오랜만에 영화를 보기로 했다. 피카디리에서 상영 중인 영화는 봤던 거라 근처 육림극장으로 향했다. 먼저 도착한 나는 안으로 들어가지 못하고 한동안 서성였다. 예전에 영화 '친구'를 보고 싶었는데 미성년자 관람불가 영화라 아쉬워했던 자리가 이쯤이 아닐까 싶었다. 옷을 빌려 입고 목소리에 힘을 주어 표를 끊는 데 성공했다던 친구도 있었고, 영화를 보고 왔다고 했지만 알고 보니 허풍이었던 친구도 있었다. 학생부 선생님이 육림극장 근처에 숨어 있다는 소문도 나돌았다.

혹시 열릴까 싶어 문을 당겨봤지만 소용없었다. 안쪽에 고인 어둠 사이로 얼핏 샹들리에가 보였다. 육림극장 안에 들어서면 고개를 뒤로 젖혀 샹들리에부터 올려다봤다. 화려한 빛을 얼굴에 맞으며 눈을 감으면 비로소 극장에 왔다는 실감이 났다. 입안에서 샹들리에를 몇 번 발음하면 낯선 세계로 왔다는 확신도 들었다. 하지만 불이 꺼진 자리에 남은 샹들리에는 지우다 만 얼룩처럼 보였다.

몇 번 더 인사말을 힐끔거렸다. 다 읽지 못하고 이내 돌아서다가 한 문장을 여러 번 중얼거렸다. 나중엔 얼마간 노려보면서 글씨 위에 손을 얹었다. 내내 건강하시고 행복하시라는 문장에 미약한 열기가 잡혔다. 열기는 점점 옅어지다 사라졌다. 춘천의 시간에 마디가 있다면 그쯤 굵은 마디가 있지 않을까 싶었다.

뒤늦게 만난 친구도 닫힌 육림극장 앞에 한참 서 있었다. 나와 거리가 좁혀지자 친구의 시선이 내게로 옮겨졌다.

"영화에도 예고편이라는 게 있는데 말이야, 왜 육림극장은 예고도 없이 사라지냐."

드라마 '첫사랑'의 배경이기도 했던 춘천 최대 극장

육림극장은 900여 명 관람객을 수용할 수 있는, 춘천에서 제일 큰 극장이었다. 1970년대에는 한 해 20만 명 가까이 찾기도 했다.

육림극장 앞에서는 이따금 어떤 영화를 볼 것인지를 두고 실랑이가 벌어졌다. 다른 극장이라면 그럴 일이 없었다. 단 하나의 영화만 상영했기 때문이다. 하지만 육림극장은 달랐다. 육림극장은 춘천에서 유일하게 상영관이 여러 개인 극장이었다. 블록버스터와 코미디처럼 장르가 다르면 다툼은 좀 더 길게 이어지곤 했다. 블록버스터야말로 극장에서 봐야 한다는 쪽과 코미디는 원래 다 같이 봐야 한다거나 성적이 떨어져서 우울하니까 웃고 싶다는 쪽이 팽팽히 맞섰다. 무언가를 선택할 수 있다는 게 신나면서도 한편으론 낯설어서 어쩔 줄 모르던 나이였다.

육림극장은 1997년에 방영되어 역대 KBS 드라마 시청률 1위를 기록한 주말연속극 '첫사랑'의 배경이기도 했다. 극중 효경의 아버지가 운영하는 극장이 육림극장이었고 찬혁의 아버지는 극장의 간판장이었다. 둘은 첫눈에 반하지만 관계는 순탄치 않았다. 둘 사이에 오가는 미묘한 감정의 배경으로 육림극장이 자주 등장했다.

1980년대를 배경으로 한 드라마였는데 육림극장은 별다른 장치를 하지 않고 그대로 방영되었다. 예전 영화포스터를 붙이고 오래전에 단종된 차량을 세워두는 것만으로도 충분했다. 그때 처음으로 육림극장이 오래되고 낡은 건물일지도 모른다는 생각을 했다. 그래도 드라마처럼 육림극장에도 마지막 회가 있을 거라곤 생각하지 않았다.

옛것이 조금씩 사라지던 시간

2006년쯤 춘천의 오래된 극장, 서점, 음반가게는 하나둘 문을 닫았다. 몇십 년 동안 지켜왔던 자리는 순식간에 비워졌다. 한동안 고향 친구들끼리 무언가 갑자기 사라지고 변했을 때마다 버릇처럼 덧붙이곤 했다. 배신을 당했거나 사랑하는 사람과 헤어졌을 때도.

"하긴 육림극장도 없어졌는데 별 수 있겠어."

그리고 나선 우리끼리 쓴웃음을 지었다. 만나는 사람마다 육림극장에 대해 한마디씩 보탰다. 춘천에 큰 구멍이라도 생긴 듯한 목소리였다. 왜 문을 닫았는지 따져 봐도 명징해지는 건 없었다. 개중에는 언제고 다시 문을 열 것이라는 데에 힘을 싣기도 했다. "그래도 육림극장인데…"나 "설마 육림극장이…" 같은 목소리는 한동안 끊이지 않았다.

1967년 열었으니 문을 닫기까지 40년쯤 지났다. 40년이라는 시간을 두고 본다면 그럴 수도 있을까. 40년은 뭐든 가

육림극장의 현재 모습 2006년 폐관 후 방치되었던 극장은 육림아울렛이 되었다. 오른쪽으로는 육림극장의 이름을 딴 육림고개가 이어진다.

능할 것 같기도 한 시간이었다. 한편으론 손에 다 잡히지 않을 시간이면서 고작 한 줌밖에 되지 않은 시간처럼 느껴지기도 했다.

할머니는 TV가 등장하면서 육림극장이 없어질 거라고 했다. 친구는 비디오테이프와 비디오방이 등장했을 때, 아버지는 사람들이 한가하게 영화나 보러 다닐 리 없는 IMF시절에 결국 육림극장도 사라질 거라고 했다. TV, 비디오테이프, IMF 때문은 아니었지만 어쨌든 육림극장은 문을 닫았다. 2005년 강원도 최초의 멀티플렉스가 춘천과 원주에 등장하고 나서 얼마 지나지 않아서였다.

　육림극장은 상영관을 늘리고 보수공사도 했지만 좀처럼 관람객이 늘어나지 않았다. 매표소 앞까지 와서 돌아서는 사람들도 많았다. 육림극장과 새로 생긴 멀티플렉스는 멀지 않은 거리에 있었기 때문이다. 게다가 처음에는 관람료도 비슷했다. 그렇다 보니 딱딱하고 오래된 의자에 앉아 괜히 작아 보이는 스크린으로 낡은 음향을 들으며 영화를 볼 사람은 점점 줄었다. 사람을 다시 모으는 일은 마치 시간을 거스르는 일인 것처럼 보였다. 이제 육림극장 앞에서 연인을 기다리던 사람들은 오래전에 방영된 드라마에서나 볼 수 있는 장면이 되었다. 그런 때가 있었다고 하면 한참 기억을 더듬다가 가만히 고개를 끄덕이게 되는 장면.

　이제 춘천에서는 열두 개의 상영관에서 하는 영화 중 무엇을 볼지 고민해야 한다. 선택할 수 있는 게 많아졌다는 것은 분명 더 나아진 일인데 어딘지 모르게 아쉬운 일인 것처럼 느껴진다. 아쉬움은 육림아울렛이 들어선 뒤에도 여전히 남아 있는 육림극장이라는 이름에 닿는다.

09 육림고개

핫플레이스로 탈바꿈한 뉴트로 고갯길

육림고개는 육림극장과 낭만시장을 잇는 춘천시 중앙로77번길이다. 육림극장과 가까워 고개 이름도 자연스레 육림고개가 되었다.

육림고개는 춘천의 일상 속에 자주 등장했다. 병원에 가서 무릎이 안 좋다고 하면 의사는 으레 "요즘 육림고개 넘을 때 어떠세요?"라고 물었다. 육림고개 넘는 게 예전 같지 않으면 나이가 들었다고 생각했고 아이가 쉬지 않고 단번에 넘으면 다 컸다고 생각했다. 지금도 평지나 완만한 경사가 대부분인 중앙로를 두고 일부러 육림고개를 넘는 사람들이 많다. 숨을 고르면서까지 넘는 발길에는 이유가 있다.

한번 들어서면 빠져나올 수 없던 고개

2000년쯤까지 육림고개는 한번 들어서면 빠져나오는 데에 삼사십 분은 걸릴 정도로 붐볐다. 한 걸음만 물러나도 꼭 누군가와 부딪혔다. "지금 육림고개 한가해요?"라고 물으면 "그럴 리가 있어요?"라고 되묻기 일쑤였다. 사과라도 굴러 떨어지면 누가 주웠는지 알 수 없어 포기해야 했다. 그래도 사과는 번번이 주인에게 되돌아왔다. 아래에서 주운 사람이 올라가는 사람 손에 쥐어주고 그 사람이 주인을 찾아줬다. 더럽혀진 부분을 바지에 쓱 문질러 주인에게 건넸고 주인은 고맙다며 그냥 드시라고 다시 내밀었다. 그럼 이것도 인연이다 싶어 포도나 배를 샀다. 인연이라는 말에 주인은 덤을 넉넉히 챙겨줬다. 엄마가 육림고개 인심을 말할 때마다 빠뜨리지 않던 장면이다.

육림고개를 넘는 엄마의 걸음은 더뎠다. 눈이 시릴 만큼 새파란 나물이 가득 담긴 함지나 반듯한 두부에서 무럭무럭 피어오르는 김, 한쪽 구석에서 번지는 향긋한 기름 냄새 때문만은 아니었다. 값을 깎고 덤을 얹어주는 사이 도드라지는 목소리가 있었다. 목소리가 엄마의 발목을 휘어감아 뒷걸음질을 칠 때도 있었다.

"여기가 제일 싸. 넘어가 봐야 헛고생이라니까."

콩나물을 담던 노파는 아예 돌아앉았다. 사소한 떨림에도 꼬물거리던 미꾸라지처럼 엄마 머릿속이 복잡해졌다. 콩나물은 육림고개 초입에서만 살 수 있는 게 아니었다. 꼭대기나 끝자락에도 콩나물 파는 사람은 많았다.

제자리걸음을 몇 번 하던 엄마는 겨우 걸음을 옮겼다. 경사는 급해지는데 망설이는 시간은 늘기만 했다. 뒤따르던 나는 자주 버티고 서 있어야 했다. 그래도 지루할 틈이 없었다. 올려다보면 파랗거나 오렌지색인 천막이 예쁘게 겹쳐 있었다. 고개를 돌리면 생닭을 탕탕 내려치는 경쾌한 소리와 전을 뒤집는 유연한 손목도 볼 수 있었다. 그 위에 들큼한 냄새도 번졌다. 어디서 나는 냄새인지 두리번거리다 보면 엄마는 앞으로 나아갔다.

정상에 오르면 누군가 종아리를 잡아당기는 듯했다. 다리에 힘을 빼면 순식간에 아래로 굴러떨어질 것 같았다. 엄마는 내가 어려서 그렇다고 했다. 그 순간에도 엄마의 걸음은 속도를 내지 못했다. 계속 사람들이 몰려 멈춰 서는 것도 빠르게 걷는 것도 어려워졌다. 물결에 휩쓸리듯 떠밀려 내려다가 보면 콩나물뿐만 아니라 고등어도 비싸게 주고 샀다는 것을 깨달았다.

"뭐 하러 무겁게 들고 넘어왔어요? 그냥 여기서 사시지."

엄마는 다신 초입에서 고등어를 사지 않겠다고 다짐했지
만 모를 일이었다. 어떤 날엔 초입에서 파는 고등어가 싸고
싱싱할 때도 있었다. 마지막 노점상에게 산 대파와 마늘이
가장 굵을 때도 있었다. 결국 육림고개를 다 넘어야 알 수
있었다.

"사는 게 다 그렇지 뭐."

고개를 넘고 나면 엄마는 혼잣말처럼 중얼거렸다. 가끔
그 말을 따라 해보기도 했다.

도시재생으로 되살아난 고개

어느 순간 육림고개를 찾는 사람들의 발길이 끊기면서 절반
이상의 점포가 버티지 못하고 문을 닫았다. 육림고개에 간
다고 하면 고개를 갸우뚱하는 사람까지 생겼다. "뭐 살 게
있다고 거기까지 가요?"라는 질문이 어색하지 않았다. 엄마
는 저녁 찬거리를 사가던 사람들이 다 어디로 갔는지 어리
둥절해했다. 어쨌든 사람이라면 저녁을 해 먹어야 할 텐데.
눈이 내려도 쌓이지 않아 빙판길이 없다는 말이 있을 정도

로 잦았던 발길이 짓궂은 농담 같았다.

백화점 지하에 식품매장이 들어섰을 때부터였는지 2006년 육림극장이 문을 닫았을 때부터였는지는 분명하지 않았다. 브라운5번가가 생겼을 때라고 생각하는 이들도 있었다. 그저 대형마트 때문에 전통시장이 기울면서 나타난 현상일 수도 있었다. 어떤 이유든 수십 년간 북적이던 고개가 한산해지는 데에 걸린 시간은 너무 짧았다. 육림고개는 누군가 눈을 쓸어내지 않으면 금방 빙판길이 만들어질 것처럼 보였다. 고갯길이 빙판이면 사람들은 우연으로라도 찾아오지 않을 것이었다.

한낮에도 시커먼 천을 뒤집어씌운 것 같던 육림고개였지만 지금은 조명이 환히 밝히고 있다. 처음에는 듬성듬성하다가 점점 촘촘해지더니 이제는 멀리서도 알아볼 수 있다. 누군가는 "맞아, 여기 육림고개가 있었지"라고 할 수 있을 만큼.

사람들이 기억에서 밀어뒀을 때도 육림고개는 조금씩 꿈틀거리고 있었다. 시작은 춘천시가 도시재생프로젝트를 통해 2015년 막걸리촌특화거리를 조성하면서부터였다. 그때부터 하나둘 모여든 온기가 2016년 청년상인 창업지원 사업과 2017년 청년몰 조성사업으로 이어져 지금은 50개가 넘는 점포가 저마다의 색을 내뿜고 있다.

초기에는 행인이 거의 보이지 않았지만 최근에는 주말에만 2,000여 명이 찾아올 정도로 생기가 돌았다. 봄가을 플리마켓이 열릴 때는 7,000여 명까지 몰렸다고 한다. 육림고개의 과거를 아는 사람들이 추억을 되짚으면서 왔던 것을 시작으로, 나중엔 공연을 보거나 나들이 삼아 일부러 오는 외지인도 늘었다. 마카롱을 예약하고 함박스테이크나 제철음식을 먹으러 대학생들이, 독특한 커플링을 찾거나 쉽게 맛볼 수 없는 무지개식빵을 사러 연인들이 찾아왔다. 오래된 LP판을 구하러, 한방차를 마시러 먼 길을 마다하지 않은 할머니도 있었다.

늦은 저녁이면 향긋한 꽃막걸리를 주고받으며 적당한 취기에 달뜬 목소리가 흘러나왔다. 딱딱하게 굳어 있던 육림고개는 사람들의 목소리와 웃음 덕분에 서서히 부드러워졌다. 그동안 지워졌던 얼굴 위에는 푸른 표정이 얹혔다. 만 19세에서 39세 이하 청년들을 대상으로 상인을 모집해 기본 교육과 컨설팅은 물론 임차료, 인테리어, 홍보비용까지 지원받을 수 있었기 때문이다. 최근에는 지원 없이 들어오는

육림고개의 과거(위)와 현재(아래) 고갯길을 따라 생긴 시장은 한번 들어가면 나오기 힘들 정도로 붐볐다. 이후 어려움을 겪기도 했지만 2015년 도시재생프로젝트를 통해 육림고개는 예전의 활기를 찾아가는 중이다.

가게도 늘었다고 한다. 이제 "뭐 볼 게 있어서 육림고개를 가요?"라고 묻기 민망해질 정도다.

과거와 현재의 부드러운 공존

육림고개에는 이전과는 다른 질감이 만져진다. 한쪽에서 강냉이가 튀겨지며 고소한 냄새를 풍기면 그 위에 막 꺼낸 빵 냄새가 번진다. 알록달록한 꽃무늬 이불가게를 지나면 막걸리 위에 얹힌 꽃잎이 보인다. 이탈리아 가정식과 일본식 철판요리를 한꺼번에 마주할 수 있고 여유롭게 망설이다 보면 카레가 품은 깊은 향도 맡을 수 있다. 딱히 볼 것도 없고 분위기도 으스스해 재촉했던 걸음은 예전처럼 조금씩 더뎌졌다.

수채화가 동심원을 그리며 퍼지면 커피 한 모금에 마음을 빼앗긴다. 주름이 켜켜이 쌓인 손으로 30년 넘게 메밀전을 부치는 동안 저쪽에는 얼마 전 공방을 연 청년의 바느질이 이어진다. 오랫동안 같은 자리에서 장사해왔던 노인과 이제 막 가게를 열고 손님을 기다리는 청년이 마주친다. 나물과 두부를 다 팔고 홀가분하게 빈손으로 떠났던 옛날과 '오늘 재료가 모두 소진되었습니다'라는 안내문을 붙이는 오늘이 겹친다.

육림고개에서 오랜 시간을 보냈던 사람들과 이제 막 도착한 시간이 어우러진다. 춘천 사람들과 외지에서 온 사람이, 청년과 노인이, 올챙이국수와 리코타치즈샐러드가, 시간의 무게가 고스란히 보이는 건물과 그 안에 반듯하게 들어선 꽃집이, 톡톡 튀는 아이디어와 오랜 세월 쌓인 노하우가 뒤섞인다. 이들은 서로 부딪히지 않고 동그랗게 감싸고 번지면서 잊고 있던 색을 퍼뜨린다. 한동안 잿빛이었던 육림고개에 색이 입혀지는 것도 그 때문이다. 새벽부터 기름 짜는 냄새가 퍼지고 올챙이국수 면발이 꼬물꼬물 뽑히면서 오늘도 육림고개는 어제보다 더 빛나는 아침을 준비를 한다.

이제 나는 엄마를 앞질러 육림고개를 넘는다. 돌아보면 엄마는 누군가 종아리를 잡아당기는 것 같은 표정으로 숨을 몰아쉰다. 예전의 나처럼 힘을 빼면 고개 아래로 굴러떨어질 거라고 생각하는지도 모른다. 걸음을 맞추려 예전 엄마처럼 망설이고 머뭇거린다. 엄마가 어디서 콩나물을 살지 고민했던 것처럼 어디에 들어갈지 고민한다. 몸을 데워줄 한방차를 한잔 마시고 싶기도 하고 무지개식빵을 사 가는 것도 좋겠다. 좀 더 기운을 내 루프탑 카페에 가보는 건 어떨까. 위에서 내려다본 육림고개는 또 다른 매력이 될 것이다. 망설이는 사이 엄마와 나는 육림고개를 넘는다. 그러자 엄마가 중얼거리던 목소리가 떠오른다.

육림고개를 다 넘고 나서 엄마가 했던, '사는 게 다 그렇다'는 말은 무슨 뜻이었을까. 고구마나 삼겹살을 꼼꼼히 따져가면서 사도 결국 이득도 손해도 없었다는 뜻이었을 수도 있다. 오늘은 손해를 봤지만 예전에 얻었던 이득을 생각하면 그게 그거라는 의미에서 말이다. 혹은 단지 삶이나 굴러떨어진 사과가 되돌아오는 과정을 두고 했던 말은 아니었을까.

엄마는 정확하게 기억하지 못한다. 그런 말을 했었는지조차 가물가물한 눈치다. 그때의 엄마만이 알고 있을 것이다. 파라솔이 양옆으로 빈틈없이 늘어선 육림고개 비탈길에서 다리에 힘을 주고 어디서 무엇을 사야 할지 주저하던 엄마만이.

엄마와 나는 왔던 길을 되짚어 다시 육림고개에 오른다. 굴러떨어진 사과의 주인을 찾아주러 가는 길처럼 걸음은 맑고 투명하다.

- **약사리문화마을** : 육림고개 정상에서 방향을 틀면 낡은 골목에 감성이 퍼져 만들어진 풍경을 볼 수 있다. 옛 집을 허물고 새로 세우는 대신 그 대로 간직하는 방향으로 도시재생사업이 진행된 덕분이다. 이를 위해 터에 무늬를 만드는 '터무니맹글'이 만들어졌다. 맹글다는 '만들다'를 뜻 하는 강원도 사투리다. 약사천 근처에서 60년 넘게 버텨온 집은 터무 니창작소로 바뀌어 전시와 창작을 위한 공간이 되었다. 마을 사이사이 공공조형물이 스며들면서 길도 밝혔다. 비어 있던 집이 문화예술을 만 나 '메꽃당', '어디에도 없는 정원'처럼 감각을 일깨우는 이름을 달자 새 싹이 움텄다. 그러자 큰길로만 다니던 사람들이 일부러 찾아왔다. 마을 을 누비다 보면 사소한 벽에서도, 한 번도 눈여겨본 적 없었던 지붕에서 도, 낡고 보잘 것 없는 창문에서도 그림이나 조각을 마주할 수 있다. 약 사리문화마을에 다녀오면 일그러지고 헤져서 버려야 한다고 생각했던 모든 것을 하나하나 다시 마주보게 된다.

- **카페 더 피플** : 육림고개 끝에서 길을 건너 육림약국 옆 금강로 83번길 로 쭉 들어서면 특별한 카페를 만날 수 있다. 더 피플은 조금은 느린 카 페다. 전문바리스타와 발달장애인이 함께 어우러져 운영하기 때문이다. 골목길 끝에서 한가로운 동네 풍경을 감상할 수 있다 보니 카페 안의 시간마저 느리게 흐른다는 착각에 빠져든다. 그래서 '빨리'나 '서두름'보 다 '천천히'와 '느릿느릿'을 떠올리게 된다. 늘 촉박하기만 했던 일상에서 잊고 있었던 여유를 찾고 싶다면 언제든 얼마간 나른한 걸음으로 찾게 된다.

10 낭만시장
춘천에서 가장 오래된 전통시장

육림고개를 넘으면 걸음은 낭만시장으로 이어진다. 춘천에서 그냥 시장이라고만 하면 누구든 낭만시장을 떠올릴 정도로 춘천을 대표하는 시장이다. 처음부터 낭만시장이었던 것은 아니다. 2010년 전에는 중앙시장으로 불리다 지금은 두 이름이 함께 쓰이고 있다. 어느 지역을 가나 있을 법한, 다소 심심한 이름에 낭만이 붙으면서 시장은 특별해졌다.

읍내장과 샘밭장에서 중앙시장으로
춘천에서는 예전부터 양구, 화천, 인제 등에서 모인 사람들 간에 활발한 거래가 이뤄졌다. 북한강을 통해 서울로 물자를 보낼 수 있다 보니 상권이 더욱 발달했다. 그 중심에는 두 개의 5일장이 있었다. 강을 사이에 두고 시내에 있는 '읍내장'과 강 건너에 있는 '샘밭장'이었다.

샘밭장은 나루터를 중심으로 형성된 춘천의 대표 시장이었다. 하지만 읍내를 이어주는 다리가 생기고 이후 댐이 만들어지면서 사람들의 발길은 읍내장으로 옮겨갔다. 해방 이후 산업화와 함께 도시의 모습이 갖춰지면서 상권 이동은 더 빨라졌다. 읍내장은 중앙시장으로 이어졌다.

중앙시장은 1952년 3월 미군의 지원을 받아 1954년 중앙로 공설시장에 595개의 점포가 개설되었던 것이 시작이라고 한다. 전쟁으로 모든 것이 사라진 춘천에서 삶에 대한 의지가 가장 힘차게 솟구치던 곳이 아마 중앙시장일 것이다. 관광안내판에는 '한국전쟁 중 피난민과 화전민이 생필품을 구할 수 있었던 곳'으로 소개하고 있다. 이어서 1956년에는 요선시장이, 1957년에는 서부시장이 중앙시장과 멀지 않은 자리에 들어섰다. 그때부터 물건을 사고파는 사람들이 몰려 거리가 들썩였다.

1960년에는 시장상인들이 부지와 건물을 매입해 7월에 주식회사를 설립했다. 낭만시장 이름 아래 'since 1960'은 이를 잘 보여준다.

1960년대 중반까지 중앙시장에는 1,336평의 면적에 335개의 점포가 있었다. 이후 1966년 화재 때문에 철근 콘크리트 건물로 신축했고 지상 3층에 282개 점포가 들어섰다. 1965년 1억 8,000만 원이었던 연간거래금은 1969년에 8억 원으로 뛰어올랐다. 1970년에 이르러 제일공설시장, 육림고개, 명동과도 연결되었다. 이후 화천, 양구, 홍천 등 주변 지역에도 영향을 미치면서 춘천 경제의 중심에 선 시장으로 발전했다. 그 과정에는 잇따라 지어진 춘천댐, 의암댐, 소양강댐으로 살아난 경기도 한몫했다.

양키시장에서 낭만시장으로

중앙시장에서는 우두동과 서면에서 건너온 농산물, 후평동 과수원에서 수확한 과일, 서울에서 흘러온 공산품이 거래됐다. 뿐만 아니라 캠프페이지에서 나온 군수물품과 물건을 파는 양키시장이 형성됐다. 당시 구하기 어려웠던 미제 물건이 들어오면서 이색적인 풍경이 펼쳐지기도 했다. 미군 피엑스에서 물건을 사서 웃돈을 얹어 파는 사람들도 있었다고 한다.

지금이야 수입품을 쉽게 접할 수 있고 해외직구로도 구

할 수 있지만 그때는 양키시장에 나와야 살 수 있었다. 국산품을 쓰자는 운동이 한창일 때는 괜히 얼굴을 가리거나 멀찌감치 떨어져서 구경하는 사람도 있었다. 그만큼 시선을 끄는 물건이 많았다. 스프레이나 크림 같은 화장품부터 주방세제, 수세미, 초콜릿, 잼, 설탕, 커피 등 먹을거리까지 종류도 다양했다. 이국적인 디자인과 함께 품질도 좋아 미제 물건은 중앙시장으로 사람들을 이끌었다.

양키시장에서 립스틱을 사는 건 엄마의 기쁨 중 하나였다. 엄마는 아침에 한 번 바르면 밤까지 지워지지 않는다는 게 마음에 들었다. 돌이켜보면 지워지지 않는 립스틱이 꼭 좋은 것인지는 모르겠지만 그때는 역시 미제라 좋아서 그렇다고 생각했다. 나는 옆에서 초콜릿을 만지작거리다가 내려 놓곤 했다. 초콜릿은 크고 두툼해서 한손으로 다 잡을 수도 없었다. 양키시장에서는 지금도 여전히 다양한 수입품을 팔고 있다.

1980년 춘천에서 전국소년체전이 열리면서 명동은 재정비에 들어갔다. 그에 맞춰 중앙시장도 현대화를 추진했다. 비슷한 시기에 슈퍼마켓이 생겼고 제일공설시장이 제일백화점으로 바뀌면서 중앙시장은 다소 움츠러들었다. 제일백

옛 중앙시장 당시 중앙시장은 판자를 이어붙인 목조건물 형태였다. 1층은 기둥만 세우고 천막을 쳐서 장사를 했고, 2층은 일본식 슬레이트 지붕을 올려 다다미방으로 꾸며 살림집으로 썼다고 전해진다.

화점은 지금의 백화점과는 달랐지만 실내에서 쇼핑할 수 있고 에스컬레이터까지 갖추고 있어 많은 사람들이 찾았다. 약사리고개 초입에 있어 '제일'이라는 이름이 붙었다는 얘기도 전해지는데 지금은 제일종합시장으로 바뀌었다.

1990년대 이후 명동뿐만 아니라 지하상가, 동서백화점(현 M백화점) 등 주변 상권이 발달하자 중앙시장은 2002년부터 아케이드와 차양막을 새로 만들고 간판을 정비하기도 했다. 2010년부터는 낭만시장으로 이름을 바꾸고 지금까지 이어져오고 있다. 현재는 180개 점포가 운영 중이다. 살림

집이었던 2층은 이제 창고로 쓰이거나 '궁금한 이층집' 같은
식당이나 '낭만FM 스튜디오'로 활용되고 있다.

어린 내가 떠올릴 수 있는 가장 큰 세계

어린 나는 낭만시장에 들어설 때마다 잔뜩 긴장했다. 엄마를
놓치지 않기 위해 눈을 부릅뜨느라 나중엔 눈물이 맺힐 지경
이었다. 길을 잃으면 왔던 길을 되짚어올 생각에 가게 이름
이나 상인들 얼굴을 기억하려고 애썼지만 소용없었다. 갈 때
마다 새로운 길이 돋아났고 매번 낯선 얼굴이 나타났다. 낭
만시장은 아무리 돌아다녀도 다 알 수 없을 것만 같은 어마
어마한, 내가 상상할 수 있는 가장 큰 세계였다.

  엄마는 한쪽에는 먹을 수 있는 것을 반대쪽에는 먹을 수
없는 것을 판다는 기준으로 구분했지만 나에게는 그마저도
쉽지 않았다. 출구와 입구는 많았고 어디로 들어가 어느 방
향으로 트는지에 따라 거리가 달라졌다. 미로에 갇힌 기분
이었고 정답 없는 수수께끼 앞에 선 것 같았다. 헤매다 보면
어떨 땐 들어갔던 곳으로 다시 나오기도 했다. 그래서 낭만
시장에서는 숨바꼭질을 하지 않았다. 술래도 숨어 있던 아
이들도 모두 길을 잃었기 때문이다.

엄마는 어디로 들어섰든 한눈팔지 않고 쭉 나오면 출구라고 했다. 그래도 자꾸 어디로 들어설지, 이쯤에서 왼쪽으로 꺾을지 오른쪽으로 꺾을지 고민했다. 어디를 통과하는지에 따라 냄새와 목소리와 색이 전혀 달라졌기 때문이다. 그쯤 나는 인생에서 선택이 중요하다는 어른들의 얘기를 조금 이해할 수 있을 것도 같았다.

등하굣길에는 낭만시장을 지나야 했다. 중앙로를 가로질러 갈 수도 있었지만 번번이 낭만시장으로 발길을 돌렸다. 자동차가 내뿜는 매연과 앙칼진 엔진소리가 전부인 대로보단 돼지머리고기에서 무럭무럭 올라오는 김이나 덤으로 하나 더 얹어주는 반들반들한 목소리, 미국에서 건너온 알록달록한 초콜릿이 훨씬 좋았기 때문이다.

낭만시장에서는 모든 감각이 활짝 열렸다. 안으로 들어서면 시선은 사방으로 튕겨졌다. 구수한 냄새가 풍겨오는 자리를 찾아 헤매다가 체크무늬 양산에 슬그머니 눈길이 갔고 금세 칠성문구사의 훌라후프나 과일 모양 지우개 앞에 섰다. 그동안 사납게 몰아치던 바람은 잦아들었고 따가운 햇볕도 저만치 물러났다. 공기는 적당히 보드라웠고 구석구석 뭉근한 기운이 번졌다. 비 오는 날이면 슬레이트 지붕을 두드리는 빗줄기가 만든 리듬이 낭만시장을 감쌌다. 그 사이 화려한 스카프와 단정한 덧버선, 꽃잎처럼 하늘거리는 한복과 구름처럼 도톰해 보이는 솜이불에 시간 가는 줄 몰랐다. 그것만으로도 그 시절은 조금 더 반짝였다.

시장 앞에 낭만이 붙은 이유

그런데 왜 하필 '낭만'시장일까. 낭만은 현실에 매이지 않고 감상적이고 이상적으로 사물을 대하는 태도나 심리를 뜻한다. 물건을 사고팔고 흥정하는 시장과는 어울리지 않는 단어일지도 모르겠다. 하지만 안에 들어서면 어째서 낭만시장인지 쉽게 눈치챌 수 있다.

시장에서 주고받는 것은 단지 물건과 돈뿐이 아니다. 안부를 묻는 따뜻한 목소리와 마주치면 먼저 길을 비켜주는 배려, 찾지 못한 물건이 있으면 어디서든 구해주려고 애쓰는 눈빛이 여기저기 별처럼 흩어져 있다. 잠시 비워둔 가게에 손님이 들어오면 옆집에서 대신 물건을 팔아주고, 장사하다 허기에 지친 노파가 칼국수를 먹으러 오면 적당히 더 담아주기도 했다. 콩을 사더라도 한 줌 더 얹어주는 손길과 지나가는 아이에게 건네주는 귤 하나에 포개주는 미소도 심심찮게 마주할 수 있다. 물건을 담았던 스티로폼은 깨끗이 씻어 말린 다음 버스정류장 의자에 올려놓기도 했다. 버스를 기다리는 동안 깔고 앉으라는 뜻이었다. 오목하게 패인 스티로폼에도 낭만이 스며들어 있었다. 춘천시에서 버스정류장에 온열의자를 운영하기 전에 이미 온기가 머물러 있었던 셈이다.

그래도 왜 낭만인지 알 수 없다면 느린 걸음으로 시선을 넓힐 필요가 있다. 그러다 보면 선물처럼 다양한 예술작품을 감상할 수 있다. 창고로 통하는 낡은 문은 그림 덕분에 선물상자처럼 보였고 오래된 무채색 천장에는 빨갛고 파란 꽃이 피었다. 할머니에게 시루떡을 매단 풍선을 보내는, 손녀의 마음을 담은 벽화와 선물을 싣고 가는 기차나 셔터를 들어 올리는 슈퍼맨까지. 어쩌면 그동안 잊고 있었던 감정을 낭만시장에서 만나볼 수 있을지도 모른다. 반짝이는 미러볼 아래 서면 장바구니 안에 담겨 있는 것은 두부나 양말만은 아니라는 것을 깨닫게 된다. 사이사이 누가 넣어놓았는지 모를 낭만이 한 움큼씩 덤처럼 담겨 있다.

오후 5시가 되면 낭만은 더 진해진다. 일요일을 빼고 매일 30분씩 진행되는 낭만FM 덕분이다. 2015년 7월 강원시

낭만시장의 오늘 춘천에서 가장 큰 중앙시장(위)은 2010년 낭만시장이라는 새 이름을 얻었다. 시장을 정비하며, 매일 오후 5시에 상인들이 진행하는 낭만FM 라디오(아래)도 개국했다.

청자미디어센터의 마을공동체사업으로 개국한 라디오는 상인들의 사연과 흥겨운 음악으로 낭만시장 안에 생기를 불어넣었다. 2016년에는 KT&G의 사회공헌사업으로 스튜디오가 마련되면서 더욱 가깝게 라디오를 접할 수 있게 되었다. 상인들이 원고 준비부터 장비 조작까지 배워 진행하다 보니 일부러 이 시간에 맞춰 방문하는 이들까지 생겼다. 시장에서 물건을 사고파는 사람으로 만나, 이야기를 나누고 함께 음악을 듣는 사이로 나아가면서 시장은 조금 더 낭만시장이 되어갔다. 이런 다양한 형태의 낭만 덕분인지 낭만시장은 2018년 문화체육관광부가 선정한 대표전통시장에 선정되기도 했다.

낭만시장에는 몇십 년쯤은 우스워 보일 정도로 오랜 시간 같은 자리에 머물러 있는 상인들이 많다. 그래서 서둘러 변해버린 세상이 아쉬워지면 낭만시장을 찾곤 했다. 가끔 쉽게 떠난 사람이나 뒤바뀐 마음으로 잠을 이루지 못할 때도 그랬다. 그대로 남아 있는 모습과 표정을 채집하듯 마주하다 보면 긴장은 녹아내렸고 잔뜩 웅크렸던 몸도 얼마간 느슨해졌다. 누구에게나 변하지 않아 위로 받을 수 있는 풍경이 하나쯤 있을 것이다. 내게는 낭만시장이 그렇다.

언제부턴가 낭만시장에서 길 잃을까봐 눈을 부릅뜨던 시
절을 잊고 있었다. 기억의 빈 자리를 다시 한번 낭만으로 차
곡차곡 채워봐야겠다. 낭만시장에서라면 누구에게나 어렵
지 않은 일이다.

• **춘천풍물시장** : 1988년 올림픽을 앞두고 거리 정화를 앞세워 노점상 단
  속이 있었다. 1989년 8월 도심 노점상 정비까지 진행되면서 중앙로에 있
  던 노점상들이 약사천을 복개한 자리로 옮겨 풍물시장이 만들어졌다.
  이후 서울 청계천을 모티브로 한 약사천복원사업이 진행되면서 2010년
  에는 온의동으로 자리를 옮겨 지금까지 이어지고 있다. 남춘천역과 가
  깝고 주변에 아파트 단지가 많아 장이 서는 2일과 7일에는 사람들로 가
  득하다.

• **샘밭장터** : 춘천 신북면에는 넓게 펼쳐진 들판이 있다. 들판에 샘이 많
  아 '천전(泉田)리'라고 불렸는데 우리말로 '샘밭'이다. 시장 이름도 그에 따
  라 지어졌다. 17세기에 천전리에 있다가 위치와 교통 문제로 율대리로 이
  전했다고 하니 400여 년의 역사를 가진 셈이다. 이후 다리가 생기고 교
  통이 발달하면서 해방 후 한국전쟁 즈음 사라졌다가 2004년 다시 생겼
  고, 2014년에는 신북읍 율문리에 샘밭장터가 만들어졌다. 새롭게 단장
  한 샘밭장터에는 예전처럼 많은 사람들의 발길이 이어지고 있다.

• **번개시장** : 새벽에 번개처럼 잠깐 열렸다
  가 사라지는 시장이라는 뜻에서 번개시장
  이라고 불린다. 최근에는 주말마다 번개
  야시장이 열려 새로운 매력을 보여주고 있
  다. 플리마켓인 뚝방마켓에는 흔히 볼 수
  없는 이색적인 공예품이 가득하고 체험프
  로그램도 마련되어 있다. 봉의산과 소양
  강이 가까워 한번에 둘러볼 수 있다. 주변
  에 정겨운 벽화마을도 조성돼 있다.

11 죽림동성당

100년 된 한국 가톨릭 미술의 보고

명동의 열띤 활기와 낭만시장의 왁자지껄한 분위기에서 조금 빗겨서고 싶을 땐 근처 죽림동성당으로 발길을 돌리곤 한다. 죽림동성당은 천주교 춘천교구의 주교좌성당이다.

성당의 입구를 통과해 넓은 잔디밭에 이르면 촘촘했던 시간은 헐렁해지고 사방에 틈이 생긴다. 틈을 들여다보면 떠들썩했던 주변은 일순 발밑에 가라앉고 모든 색은 지워진다. 계절이나 생각마저 지워지는 것 같다. 그 자리에 오래전 목소리만 남는다.

"여기서 좀 쉬다 가렴."

나는 친구에게 그 목소리가 필요해 보이면 죽림동성당을 함께 걷곤 했다. 옆에서 나란히 혹은 서로 떨어져서 각자의 리듬에 맞춰 걷다 보면 발걸음은 점점 헐거워졌다.

춘천에서 가장 오래된 성당

춘천의 첫 성당인 죽림동성당은 얼핏 보면 활달한 낭만시장 끝에 누군가 덧칠해놓은 것처럼 도드라져 보인다. 하지만 깊숙이 들어서면 성당도 시장이나 골목처럼 결국 삶의 일부라는 생각이 짙어진다.

국가문화유산포털에는 '주 출입구 아치의 중앙에는 십자가 문양을 돋을새김한 이맛돌(keystone)을 두어 웅장함을 더하는 등 건축적 완성도가 높다'고 기록되어 있다. 목소리를 낮추고 걸음마다 신중해지는 것도 이 때문이 아닐까. 중앙 종탑 십자가는 서울대교구 주교좌 명동대성당과 같은 모양이라고 한다. 내부에는 기둥이 없어 강당처럼 넓은 공간이 펼쳐져 있다. 이런 형태는 죽림동성당을 시작으로 생겨났다고 전해진다. 죽림동성당은 로마네스크 양식의 석조건축물이면서 1950년대 우리나라 성당의 모습을 잘 보여주고 있는 건축물이기도 하다. 그래서 2003년 6월 30일 등록문화재 제54호로 지정되었다.

죽림동성당의 모체는 춘성군 동내면 곰실 공소(신부가 상주하지 않는 신자들의 모임)였다. 지금의 춘천시 동내면 고은리 위치다. 교세가 늘면서 1920년 곰실 공소는 분리되어 춘천 본당으로 독립하기에 이른다. 당시 초대 김유용 신부님을 모셨고 1938년에는 외국인으로는 처음으로 구 토마스 퀸란 (Thomas Quinlan) 신부가 제6대 주임으로 부임했다. 부임 후 약사리(현재 약사동) 언덕 위 도토리밭을 사 성당 터를 마련했던 것으로 알려져 있다. 이후 춘천약사리본당, 춘천본당으로 명칭이 변경됐다가 1950년 죽림동본당으로 개명했다.

성당은 왜 죽림동에 있는 약사리고개를 선택했을까. 대나무 숲을 뜻하는 죽림동의 유래에는 '우례 모녀 이야기'와 함께 봉황의 모습을 닮은 봉의산 때문이라는 이야기도 전해진다. 봉황이 머물려면 먹을 게 있어야 하는데 봉황은 주로 대나무 열매를 먹는다. 춘천에는 대나무가 없으니 봉황이 내려올 수 있는 자리를 죽림동이라 불렀다고 한다. 공지천 근처 옛 지명이 죽전(竹田)리인 것도 비슷한 이유다.

약사리고개는 약사동에서 죽림동으로 넘어가는 고개다. 조선시대 역마가 머물던 역(驛)과 주막이 있던 원(院) 중에 약사원이 있어 약사리고개가 되었다. 약을 만들 때 쓰면 약효가 좋아지는 약수가 있어 약손고개로 불렸다고도 한다. 조선시대부터 1970년대 중반까지 한약방이 줄지어 있어 붙은 이름이라는 이야기도 있다.

봉황이 머물길 바라는 마음과 아픈 몸을 치료할 수 있는 한약방이 줄지어 있던 고개는 죽림동성당이 춘천 사람들에게 전하고자 했던 뜻과 통하는 것도 같다. 거기에 낭만시장 근처에서 더 많은 사람들과 가까워지고 싶은 마음도 겹쳐지지 않았을까.

성당에 드리운 전쟁의 그림자

춘천 도심으로 진출하는 과정이 순탄하지만은 않았다. 웅장하고 아름다운 죽림동성당 뒤에는 여러 겹의 고통과 희생이 빼곡히 숨어 있다. 교우들은 애련회(愛煉會)에 가입해 가마니 짜기, 새끼 꼬기, 짚신 삼기로 돈을 모으고 논까지 팔아 성당에 보냈다. 그 결과 죽림동성당 아래 성골롬반의원 터와 김영식 대자의 집을 사들일 수 있었다. 그 집을 개조해 1928년 5월부터 춘천본당으로 썼는데, 그것이 춘천의 첫 성당이 되었다.

그 뒤 새 성당을 세우려는 계획은 1941년부터 있었지만 계속 미뤄졌다. 일제강점기에 이뤄진 외국인 구금과 연금 때문이었다. 그러다 1949년 미군 중장비의 도움으로 착공하게 되었다. 지금도 성당 벽에 라틴어로 1949년 4월 5일 기공하였다고 쓰인 초석을 볼 수 있다. 초석의 결을 따라가면 성당을 짓느라 치열했던 시절을 헤아릴 수 있다.

건축에 필요한 석재는 홍천 발신리 강가에서 가져와 사용했다. 1년에 걸쳐 돌로 외벽을 쌓고 동판으로 만든 지붕을 덮었다. 하지만 골조까지 완성하고 내부공사에 들어가려던 때 한국전쟁이 발발했다. 춘천에는 다음 날 아침부터 포탄이 떨어졌다. 그 과정에서 성당 한쪽 벽은 처참하게 무너졌고 사제관은 주저앉았다.

1951년 8월 제13대 본당 주임으로 부임한 커머포드 토마스(Comerford Thomas) 신부는 전쟁 중에도 마당에 천막을 치고 미사를 드렸다고 한다. 아무것도 남아 있지 않았던 약사리고개에는 수녀들이 찾아와 아픈 사람들 돌보며 식량과 위로를 전했다. 그래서 성당을 수녀병원이나 성당병원이라고 부르기도 했다. 당시 성골롬반의원은 외국인 신부와 수녀들이 운영했는데 춘천을 비롯한 주변 지역에서 수술이 가능한 유일한 시설이었다. 당시 성당은 몸만 치료해주었던 게 아니라 마음까지 보듬어주던 공간이었다. 비극을 외면하지 않고 함께하고자 했던 마음은 지금까지 이어지고 있다.

한국전쟁은 성당만 무너지게 한 것이 아니었다. 전쟁이 시작된 다음 주인 7월 2일 성당 안으로 인민군이 들이닥쳤다. 공포를 쏘면서 위협을 가하던 중 결국 구 토마스 교구장과 캐바난 신부가 체포되어 연행되었다. 이때 외국인 사제와 수녀, 목사 등 수백 명에 이르는 사람들이 평안북도 험한 산속으로 강제 수용됐다. 이후 모진 추위와 고통을 감당하지 못하고 끝내 돌아오지 못한 사람들이 수두룩했다. 다행히 구 토마스 신부와 조 필립보(Philip Crosbie) 신부는 34개월 만에 포로 생활을 마치고 돌아왔다.

성당 뒤편에는 춘천교구 성직자들이 묻힌 성직자 묘역이 있다. 그곳에는 한국전쟁 때 신자들을 돌보다 피살되거나 옥사한 순교자들이 잠들어 있다. 북한에서 순교해 시신을 찾을 수 없어 만든 가묘도 있다. 안내판에는 '이곳은 천주교 춘천교구에서 사목하다가 선종한 사제들과 신앙을 증거하며 목자로서의 소명을 다하고 희생된 순교자들이 잠들어 있는 성스러운 묘역이다'라고 쓰여 있다. 문장을 따라가다 보면 잊고 있던 과거의 고통과 마주 설 수 있다.

한국전쟁이 끝나고 나서야 미군과 교황청의 도움으로 죽

림동성당은 완공되었다. 1956년 6월에는 춘천교구와 죽림동성당 주보 축일인 예수성심 대축일에 새롭게 단장한 주교좌성당의 봉헌식이 거행되기도 했다.

그 후 시간이 흘러 성당 곳곳에 노후의 흔적이 발견되었다. 지속적인 누수가 쌓여 삭아버리는 바람에 금방이라도 내려앉을 것 같은 지붕과 녹이 슬어 제 역할을 하지 못하는 창문, 여기저기 꺼진 마루까지 손길이 필요한 곳이 많았다. 내가 성당에 처음 들어섰을 때에도 성당이 많이 낡았다는 생각을 먼저 했던 것 같다.

100년을 지켜온 만인의 쉼터

세탁소 건너편에는 문구사가 있었다. 문구사 집 아들은 나와 동갑내기 친구였다. 친구와 놀고 싶어 찾아가면 죽림동성당에 가 있을 때가 잦았다.

그날은 유난히 기다리기 지루해 성당에 찾아갔다. 안으로 들어서자 모든 소리가 숨었다. 걸을 때마다 삐거덕거리는 소리만 울렸다. 누가 쳐다볼 것 같았지만 자세를 흐트러뜨리는 사람은 없었다. 내부가 어두침침하고 사람들의 뒤통수만 보여 친구를 찾을 수 없었다. 몇 걸음 더 내디뎠을 때 누군가 어깨를 지그시 눌렀다. 커다란 새 한 마리가 내려앉은 느낌이었다. 고개를 들었지만 표정을 알아볼 수 없었다. 겨우 눈이 마주쳤을 때도 목소리가 이어지지 않았다. 사과를 해야 하는지 뒷걸음질을 쳐야 하는지 알 수 없었다. 친구 이름이라도 말해야 했지만 그마저 떠오르지 않았다. 어느 순간 건너편에서 낮고 미지근한 목소리가 목덜미를 감쌌다.

"여기서 좀 쉬다 가렴."

목소리는 오랫동안 귓가에 남아 있었다. 처음에는 스테인드글라스에서 밀려오는 푸르거나 노르스름한 불빛에서 나는 소리인 줄 알았다. 빛과 소리가 뒤섞이는 동안 한쪽 구석에 앉아 사람들의 기도가 끝날 때까지 기다렸다. 여전히 누군가 드나들 때마다 삐거덕거리는 소리가 들렸겠지만 내게는 쉬다 가라는 목소리만이 맴돌았다.

이제 성당에서 삐거덕거리는 소리를 들을 수 없다. 1998년 4월부터 다섯 달에 걸쳐 대대적인 보수공사를 진행했기 때문이다. 덕분에 죽림동성당은 춘천의 오랜 역사와 '첫 성당'이라는 종교적인 의미를 단단하게 간직해줄 건축물로 자리 잡았다. 그 과정에서 가톨릭 미술가회 중진 작가들의 적극적인 참여가 이어졌다. 죽림동성당이 '한국 가톨릭 미술의 보고'라고 불리는 이유도 여기에 있을 것이다.

1999년 4월 24일에는 지하 2층, 지상 6층 규모로 말딩회관을 건립하여 축복식을 거행하기도 했다. 80여 년 전 터를 마련하고 주교좌성당의 기초를 다진 엄주언 마르티노 회장의 공적을 기리는 마음에서 시작된 것이었다. 당시 그가 명동성당에 여러 번 사제 파견을 간청한 끝에 곰실 공소가 본당으로 승격된 것으로 알려져 있다.

2014년 6월 1일에는 국내 최대 규모로 예수성심상을 제작해 성당 입구 언덕 위에 세웠다. 오광섭의 작품으로 높이 3.5m, 너비 3m의 크기에 청동으로 만들어졌다. 가슴 부분에 유리로 된 조명을 넣어 늦은 밤에도 한눈에 알아볼 수 있다. 뒤에서 바라보면 예수성심상은 낭만시장을 지나 중앙초등학교를 건너 춘천대교와 중도까지 품에 안을 듯하다.

죽림동성당은 2019년 4월 춘천교구 80주년 기념미사를 가졌다. 그리고 2020년 본당 설립 100주년을 앞두고 있다. 오랜 세월 무너져도 다시 일어나 끝내 지금까지 이어져 온 죽림동성당은 춘천 사람들의 마음 한쪽을 환히 밝혀왔다. 안팎으로 어려운 일이 있을 때마다 위로도 아끼지 않았다. 그 위로를 따라가 보면 스테인드글라스에서 번지는 빛이 유

죽림동성당(위)과 예수성심상(아래) 한국 가톨릭 미술의 보고로 불리는 죽림동성당에는 국내 최대 규모의 예수성심상이 있다. 2014년에 세워진 이 예수성심상은 춘천 전체를 품에 안을 듯한 모습으로 서 있다.

난히 따사롭다. 그쯤 성당 한쪽 구석에서 마주친 친구와 나는 비로소 더 내밀한 이야기를 털어놓는다. 죽림동성당에서 이어지는 이야기는 한 뼘쯤 더 깊어지기 마련이다.

12 망대골목

90년 동안 춘천을 내려다본 망대를 품은 미로골목

죽림동성당을 지나 약사리고개를 넘다 보면 오른쪽에 불쑥 솟은 건물 하나를 볼 수 있다. 그 낡은 건물이 망대이고 망대를 중심으로 펼쳐진 골목을 망대골목이라고 부른다. 삶을 길에 비유한다면 망대골목에 가까울 것 같다.

삶을 닮은 골목

후미진 망대골목을 헤맸다. 막다른 길인 줄 알았는데 가까이 가보니 옆으로 샛길이 돋아나 있었다. 좀 전까지는 보이지 않던 길이었다. 망대골목 안에서도 유난히 좁은 아리랑골목이었다. 구불구불하고 어딘가로 오르는 골목이라 붙여진 이름이라고 했다. 맞은편에서 오는 누군가와 마주치면

곤란할 것 같다. 비가 오면 우산이라도 제대로 펼 수 있을까. 빙판길이 되면 꼼짝없이 양쪽 벽을 짚고 걸어야 할 것이다. 양팔은 다 벌리기도 전에 벽에 닿았다. 그러고 보면 길이 아니라 집 사이에 난 틈에 더 가까웠다.

좀처럼 넓어질 것 같지 않던 길이 느릿느릿 팽창했다. 순간 함정처럼 바닥이 훅하고 내려앉았다. 계단으로 보이는 턱이 여럿 있었지만 고르지 않았다. 지나치게 좁거나 한 번에 오르기 어려울 정도로 높은 계단도 곳곳에 숨어 있었다. 평평하지 않고 저마다 다른 각도로 기울어져 있기도 했다. 계획도 없이 그때그때 임시로 만들어놓은 것처럼 보였다. 게다가 명암만 다를 뿐 벽과 계단과 바닥이 모두 잿빛이라 무심코 보면 어디가 어딘지 분간할 수 없었다. 그저 하나의 회색 덩어리였다.

걸음의 균형은 깨지고 박자는 제멋대로 흘러갔다. 일정한 보폭을 유지하려 할수록 한쪽으로 튀어나가고 일그러졌다. 그러다 불쑥 대로로 빠져나왔다. 예상했던 출구일 때도 있지만 벗어났을 때가 훨씬 많았다. 입구일 때도 있었다. 돌아서서 다시 들어서려고 하면 이번엔 잘 빠져나올 수 있을 것 같다가도 한편으론 엄두가 나지 않았다. 마치 그동안 지나쳐온

삶처럼.

　망대골목은 그런 길이었다.

오래된 감시대를 둘러싼 미로

망대는 춘천에서 가장 오래된 건축물 중 하나다. 망대는 지
대가 높은 골목길에 탑처럼 우뚝 솟아 있어 골목 어디서나
알아볼 수 있다. 색을 내는 것도 사치라는 듯 온통 잿빛투성
이인 골목에 혼자 흰색으로 도드라져 있어 더 눈에 띄었다.

　하지만 쉽게 찾아갈 순 없었다. 망대로 가는 길은 좀처럼
드러나지 않았다. 눈앞에 있는데도 근처만 맴돌 뿐이었다.
이쪽인가 싶으면 뒤로 물러났고 반대쪽으로 부지런히 가다
보면 건너편에 서 있었다. 막혀 있는 것처럼 보이는 길을 쭉
밀고 들어가야만 망대로 통하는 협소한 길을 만날 수 있다.
지금은 길을 알려주는 표지판이 있어 수월해졌지만 그전까
지는 한번에 찾는 사람이 드물었다. 주민의 설명을 들어도
헷갈리긴 마찬가지였다. 그쪽엔 길이 없을 거라는 생각을
깨뜨려야 비로소 망대를 만날 수 있었다.

　망대는 일제강점기였던 1930년대에 화재를 감시하기 위
해 지어졌다. 한국전쟁에도 크게 훼손되지 않은 채 남아 90

년 가까이 춘천을 내려다보고 있다. 예전에는 망대에서 소방서 직원들이 24시간 근무를 서기도 했다. 춘천시청 재난복구담당자에 따르면 처음에는 목조건물이었으나 1970년에 이르러 지금처럼 벽돌로 개축했다고 한다.

1945년 해방 이후 춘천교도소 재소자들을 감시하는 역할로 쓰였다고 기억하는 이도 있다. 단층집 사이에 혼자 3층 높이로 비죽 솟은 모양새와 사방에 큼지막한 창문이 있는 독특함 때문일지도 모르겠다. 그 창문으로 선생님이 감시하는 줄 알았던 시절도 있었다. 근처에 있는 춘천초등학교에 입학하고 나서 얼마 지나지 않아 선생님은 엄격한 목소리로 말했다.

"선생님은 학교 밖에서도 여러분을 지켜보고 있어요."

몇몇은 키득거렸고 고개를 숙이고 몰래 콧방귀를 뀌는 친구도 있었다. 하굣길에 오락실에 들르거나 불량식품을 사 먹는 학생들을 지도하기 위한 말이었을 것이다. 누군가는 믿는 눈치였지만 대부분 아이들에게는 통하지 않았다. 하지만 창밖을 가리키면서 이어지는 낮고 단단한 목소리에 일순 조용해졌다.

"저기 망대에서 말이죠!"

망대(위)와 망대골목(아래)
망대는 눈에 잘 띄지만 쉽게
다가갈 수 없다. 좁고 사방이
막힌 것처럼 보이는 망대골목
의 미로 끝에 있기 때문이다.

망대에서라면 하굣길이 낱낱이 보일 것 같았다. 그때부터 망대가 가까워지면 걸음이 굳어졌다. 학교 밖에서도 선생님이 감시하고 있다는 생각은 께름칙하기만 했다. 한번은 아무래도 거짓말인 것 같아 친구들과 망대 쪽을 어슬렁거렸다. 하지만 망대에 닿을 순 없었다. 이렇게 찾기 힘든 걸 보니 선생님 말이 맞다는 확신이 들었다. 모름지기 감시란 드러나 있지 않은 데서 하는 법이니까.

교도소 위치를 보면 망대는 감시에 적합했을 것 같다. 춘천교도소는 현재 거두리에 위치하고 있지만 1981년까지 망대골목 근처 약사아파트 자리에 있었다. 일제강점기 경성감옥 춘천분감으로 시작해 1923년에는 서대문형무소 춘천지소로 바뀌었다고 전해진다. 이후 1946년에는 춘천형무소, 1961년에는 춘천교도소가 되었다. 그 과정에서 양구에서 태어난 의병장 최도환이 순국했고 김대중 내란음모사건으로 이해찬 더불어민주장 대표가 수용생활을 했다. 근처 공지천 백사장은 을미의병 때 반역자를 처형한 사형장으로도 사용되었다고 한다.

1984년쯤 입주를 시작했던 약사아파트는 철거되었고 현재 새로운 아파트가 건축 중이다. 교도소가 옮겨지고 지어진 새 아파트가 낡아 재건축에 들어갈 만큼의 시간이 흘렀다. 그사이 1980년대 초 콘크리트로 덮였던 약사천이 2018년 복원되었고 근처 춘천우체국은 30여 년 간 있던 자리를 떠나 2017년 온의동으로 옮겨졌다.

그 시간을 거쳐 지금의 망대는 감시 목적보다 경보시설을 설치해 비상 상황을 알리는 역할로 쓰이고 있다. 그 역할을 말해주듯 망대 끝을 보면 뿔처럼 돋아난 확성기를 알아볼 수 있다. 민방위 훈련이 있는 날에는 확성기에서 사이렌소리가 울린다고도 한다.

시간이 느리게 흐르는 골목

교도소가 이전하면서 망대 근처 중앙시장 상인들이 하나둘 모여 이곳에 동네가 만들어졌다. 통금이 있던 시절 장사를 마치고 약사리고개를 넘으면 너무 늦어 망대골목에 집을 지었다는 것이다. 그전에는 한국전쟁 피난민들이 이곳을 찾았다. 교도소가 가까워 꺼렸던 동네라는 걸 생각해보면 모여든 사람들의 사정을 떠올릴 수 있다. 비탈길에 지어진 집은 위태로웠던 삶의 한쪽을 보여준다.

한쪽에서는 서로 기대면 나올 수 있는 힘도 느낄 수 있

하늘에서 내려다본 망대골목 구불구불하고 복잡한 망대골목은 위태로웠던 삶과 닮았
다. 최근에는 옛 감성을 담기 위해 카메라를 들고 골목을 찾는 사람들도 늘고 있다.

다. 망대골목에 있는 '기대슈퍼'는 이런 의미를 담고 있다. 기대슈퍼 앞에 늘어선 색 바랜 파라솔과 장판을 덧댄 평상은 망대골목에서 이웃끼리 의지하며 버티던 시간을 떠올리게 한다.

최근에는 카메라를 든 사람들이 망대골목을 찾는다. 원래 큰길에서 망대는 잘 보이지 않았다. 빈틈없이 들어차 있는 건물 때문이었다. 하지만 약사천복원사업으로 시야를 가렸던 건물이 철거되고, 약사고개길까지 확장되면서 드나드는 사람들이 늘자 망대도 눈에 띄게 되었다. 그렇다고 해도 화려한 볼거리가 있는 것도 아니고 특별한 음식이 있는 것도, 유명한 사람이 사는 것도 아닌 골목에 사람들이 몰려드는 이유는 무엇일까.

시간에서 이유를 찾을 수 있겠다. 망대골목의 시간은 느리게 흐른다. 골목에 들어서면 시간은 공간에 따라 다른 흐름을 갖고 있는 게 아닐까 하는 의심에 빠진다. 의심은 망대골목에는 시간이 비껴가는 것 같단 생각으로 이어진다. 오래전 잊고 있었던 대문이 칠이 벗겨진 채로 남아 있고 언젠가 본 듯한 얼룩이 담벼락 곳곳에 번져 있다. 좁은 길 때문에 햇빛이 들지 않아 퍼진 이끼와 겨우내 녹지 않고 남겨진 눈과 그 위에 쌓인 연탄재, 녹이 쌓여 만들어진 무늬는 슬그머니 시간을 되돌린다. 예전에는 어딜 가나 볼 수 있었던 사자머리 모양의 대문 손잡이도 녹슨 채 남아 있다. 무심하게 올라앉은 슬레이트 지붕과 비스듬히 꽂혀 있는 낡은 통풍기도 오랜만이다. 천천히 돌아가는 통풍기는 망대골목에서 느낄 수 있는 몇 안 되는 움직임이다.

얼마 전까진 흔한 모습이었는데 망대골목에 들어서고 나서야 찾아보기 힘들어졌다는 걸 깨닫게 된다. 그래서 70년대 전후를 떠올리는 사람들이 많다. 어린 시절의 한 귀퉁이나 뭐든 다 해낼 수 있을 것 같던 때를 가늠해보기도 한다. 다 도려낸 줄 알았던 풍경이 숨 쉬고 있으니 셔터를 누르는 손길이 분주해진다.

사람들이 찍는 것은 망대골목이 아니라 오래전 작별 인사도 제대로 전하지 못한 채 헤어진 과거가 아닐까. 골목 안에서는 깨진 벽돌 사이로 고개를 내민 연한 초록의 풀에도, 아무렇게나 쌓은 듯 보여도 무너지지 않는 담벼락에도 시선을 던질 수 있다. 골목을 통과하면서 바람이 내는 낮은 목소리와 시멘트에서 느껴지는 질감에 한참 머물 수도 있다. 누가 드나들까 싶을 만큼 작은 문 앞에서 엉뚱한 상상을 피워 보는 것도 괜찮다. 난간도 없이 잡초가 절반쯤 차지하고 있는 계단 사이에 잠시 앉아볼 수도 있다. 시간이 멈춰 있다는 착각 때문이다.

모든 시간이 과거로 흘러가는 와중에 때로는 흘러가지 않고 고여 있을지도 모른다는 기대는 곧잘 위안이 된다. 그것은 망대골목이 전하는 위안이기도 하다.

골목에 스민 예술가의 삶

망대골목에 새겨진 예술가의 삶도 걸음을 붙잡는다. 이중섭과 함께 한국 미술의 3대 거장으로 불리는 박수근, 권진규는 망대골목과 인연이 깊다.

조각가 권진규는 망대골목에서 하숙하면서 춘천고등보통학교(현 춘천고등학교)를 다녔다. 함경남도 함흥이 고향인데 춘천까지 온 사연에는 아버지의 권유가 있었다. 아버지는 공기가 맑은 춘천이 늑막염을 앓았던 아들에 도움을 줄 것으로 기대했다. 이 시기가 권진규의 예술적 세계에 영향을 미쳤을 것으로 보는 이들이 많다. 그래서 망대골목 근처에는 권진규가 하숙했던 동네임을 알리는 표지판도 있다. 표지판에 따르면 권진규는 '테라코타, 건칠기법 등 우리 전통

기법에 바탕을 둔 한국적 사실주의 조각을 완성시킨 작가'
라고 전하고 있다. 그 시작에 망대골목이 있었을지도 모르
겠다.

그보다 먼저 화가 박수근이 1935년 춘천 약사리에서 활
동했다. 은사님이면서 후견인이기도 했던 오득영 선생 때문
으로 알려져 있다. 박수근은 어머니가 유방암으로 춘천에
입원했을 때도 오득영 선생을 찾았다고 한다. 오득영 선생
아들의 이야기에 따르면 선생이 춘천을 떠나 홍천, 화천, 평
창에 있을 때도 박수근은 방학이 되면 춘천을 찾았다. 그가
독학으로 그림을 그리기까지 선생의 지지가 큰 역할을 했기
때문이다. 오득영 선생은 소양초등학교 교장을 끝으로 교단
을 떠나 오약방을 운영했다. 오약방은 약사리고개에 있었다
는 얘기도 있고 요선동에 있었다는 얘기도 있다. 그래서 박
수근도 근처 망대골목에 머물렀던 것은 아닐까.

박수근은 1937년 경성으로 떠났다가 1939년 춘천으로
돌아왔다. 그쯤 1년간 망대골목에서 하숙했던 것으로 알려
져 있다. 초등학교밖에 졸업하지 못한 데다 특별한 기술도
없었던 그는 그림을 그리다 생활이 어려워지면 나무를 하거
나 막일을 했다. 그사이 요선동에 있는 다방에서 전시회를

열기도 했다. 작품은 대부분 미군들이 샀다고 한다. 첫 개인 전을 망대골목에서 멀지 않은 중앙시장 공회당에서 열었다고도 한다.

1952년 두 달 간 춘천에 머물렀다는 이야기도 있다. 현재 춘천세무서에서 캠프페이지로 이어지던 길이 초상화 골목이었다. 거기서 미군을 상대로 초상화를 그려 팔았다고 하는데 정확하게 알려진 바는 없다. 당시 화가들은 초상화 그리는 것을 부끄럽게 생각해 사인을 넣는 일이 드물었기 때문이다. 다만 한국전쟁이라는 상황과 증언으로 미루어 가족을 찾기 위해 머물렀던 것으로 추측해볼 수 있다. 춘천에서의 시간은 박수근이 자필로 쓴 이력서에도 남아 있다. 박수근과 권진규가 보낸 시간을 떠올려보면 망대골목은 더 촘촘해진다.

이제 우리가 지켜봐야 할 망대

최근 망대골목의 시간이 이전과 다르게 흘러갈 움직임이 엿보인다. 주변이 재정비구역으로 지정되었고 재개발조합까지 설립되었다. 그에 따라 아파트가 들어설 예정이라는 소문도 돌았다. 소문은 12개 동의 아파트와 1,468가구로 윤곽을 잡아갔다. 약사촉진4구역 주택재개발 정비사업이라는 이름과 함께 구체적인 사업비까지 나오면서 많은 사람들이 언제 사라질지도 모를 망대를 주목했다. 오랜 시간이 쌓인 망대가 사라지는 것에 대한 아쉬움과 개발로 발전되고 살기 좋은 동네가 될 거라는 기대감이 부딪히면서 망대골목이 흔들리기도 했다.

2013년 1월 창립총회에서 토지 소유자 407명 가운데 309명이 찬성해 망대골목이 사라진다는 얘기가 들려왔다. 하지만 2016년 1월 사업시행인가총회에서 사업비가 늘어나는 바람에 도시 및 주거환경정비법에 따라 조합원들의 동의를 다시 받아야만 했다. 3분의 2 이상이 찬성해야 하는데 58.5%의 동의를 받는 것에 그쳐 시행 인가가 취소되었다고 한다.

공공연하게 사라질 거라고 했던 망대골목은 여전히 남아 있다. 기대슈퍼에서 시선을 넓히다 보면 뒤쪽에 버티고 있는 타워크레인이 보인다. 타워크레인은 망대보다 더 우람하고 견고하다. 약사아파트가 있던 자리에 새로운 아파트가 지어지고 있다. 그 모습이 언제 망대골목에도 이어질지 알 수 없다.

망대가 없어져도 별일 없을 것이다. 이제 망대보다 높은 건물은 많다. 거기에서 망대보다 더 멀리 내려다볼 수 있다. 드론을 날리면 시야는 훨씬 넓어진다. 연기를 보고 화재를 알릴 필요도 없다. 하지만 망대에 쌓인 시간을 대신할 수 있는 건 없다.

그동안 망대가 우리의 삶을 지켜봤던 것처럼 이제는 우리가 망대를 지켜봐야 하는 건지도 모르겠다. 예전에는 망대에서 선생님이 우리를 감시하고 있다는 생각이 끔찍하기만 했다. 하지만 지금은 그게 거짓말이었을지라도, 망대에서 선생님이 내려다보고 있다고 생각하면 걸음이 따뜻해진다. 한번쯤 가만히 지켜봐주던 그 눈빛과 마주치고 싶다. 그리고 이제는 함께 지켜봐주고 싶다. 그 시간의 변화까지도 한자리에 있었던 망대는 다 알고 있을 것이다.

····· 더 보기 : 춘천의 골목 ···

- **효자동 낭만골목** : 생활공동체 만들기 사업으로 진행된 낭만골목 프로
  젝트는 골목을 사랑하는 주민들의 마음과 함께했다. 골목 안에서 마주
  할 수 있는 벽화는 보물찾기 같아 소풍을 나온 듯한 느낌마저 준다. 집
  집마다 다르게 꾸민 우체통과 대문을 보는 재미에 걸음이 유순해질 수
  밖에 없다. 효자동은 반희언이라는 효자가 살았다는 데에서 온 이름이
  다. 산신령 말에 따라 병든 노모를 위해 대룡산에 가서 시체 목을 베어
  와 고았는데 알고 보니 천년 묵은 산삼이었다는 이야기와 겨울에 딸기를
  구해온 마음이 벽화와 선조41년(1608)에 세워진 효자문으로 남아 있다.

- **반짝반짝 힐링 골목길** : 춘천지방법원 오른쪽으로 난 좁은 계단으로 시
  작하는 골목길로 밤에 가면 독특한 장면을 만날 수 있다. 안내문에 나
  와 있듯 춘천경찰서에서 '전국 최초 고휘도반사지를 이용하여 시범 조성
  한 길'이기 때문이다. 낮에 보면 별 모
  양 스티커가 붙어 있는 것 말고는 특
  별한 게 없는 계단이지만 밤에 플래
  시를 켜고 사진을 찍으면 별로 가득한
  밤하늘을 간직할 수 있다. 계단을 오
  르면 계절별로 꾸며진 조형물을 따라
  걸을 수 있다. 반사경마저 해바라기처
  럼 꾸며져 있어 어느새 골목길은 작은
  전시관이 된다.

13 축제극장 몸짓
세계 3대 마임축제의 현장

약사리고개를 넘으면 길 건너편에 있는 축제극장 몸짓을 볼
수 있다. 그 앞을 지나칠 때마다 어느 5월의 한 장면으로 뛰
어들곤 한다. 돌이켜보면 그것은 내가 본 첫 마임이었고 어
쩌면 나의 첫 마임일 수도 있었다.

어느 봄날의 피에로

아버지는 세탁소에서 졸고 있었다. 나른한 봄이 소리 없이
몰려든 탓이었다. 옆에 앉은 나는 수학 숙제를 하고 있었
다. 연습장이 없어 주산학원에서 배운 암산으로 계산하고
있었다. 선생님이 일러준 대로 마치 주판이 있는 것처럼 허
공에 손가락을 튕겼지만 번번이 빗나가는 바람에 힘이 빠졌

다. 그때마다 아버지가 있는 쪽으로 시선을 틀었다. 내내 졸던 아버지가 의자에서 넘어질 것만 같아 조마조마했기 때문이다. 왼쪽으로 쏠리던 아버지는 어느새 균형을 잡았다. 균형은 오래가지 않아 무너지는 듯 보였지만 그전에 아버지는 허리를 꼿꼿하게 세웠다. 일순 밖이 소란스러워졌다.

밖으로 나서자 공작새 한 마리가 후다닥 지나갔다. 정말 공작새인가 싶어 한 걸음 내딛자 피에로가 길을 막았다. 비켜서려고 하면 딱 그만큼 움직였다. 뭐라고 한마디 하려고 하자 피에로가 입술에 손가락을 가져다 댔다. 피에로 얼굴이 성큼 다가왔다. 나이를 알 수 없는 얼굴이었다. 노인 얼굴과 아이 얼굴이 뒤섞여 있었다. 물러서자 피에로가 멀어졌다. 그제야 알았다. 피에로는 나를 따라 하고 있었다.

그때부턴 엉뚱한 동작을 하다가 뛰어오르기도 했고 갑자기 멈춰 고개를 뒤흔들어보기도 했다. 피에로는 제법 잘 따라 하는 듯 보였지만 이내 빈틈이 드러났다. 결국 내가 돌아서는 때를 놓쳐 우스꽝스러운 자세로 넘어졌다. 순간 나는 소리 없이 웃었다. 재빠르게 일어난 피에로는 선물처럼 풍선을 쥐어줬다. 풍선을 따라 걷다 보니 가면을 쓰거나 분장한 사람들이 무리 지어 있었다. 지나치게 큰 모자를 쓴 사람이 턱수염을 쓰다듬던 손을 흔들었다. 같이 손을 흔들다가 풍선을 놓쳤다. 도망치는 풍선을 따라갔다. 어느 순간 사람들 무리에 끼어들었다. 그 속에선 맨얼굴인 내가 제일 이상한 사람 같았다. 동시에 누구도 이상할 게 없다는 생각이 들었다. 공작새 한 마리쯤 있어도 모를 것이었다. 춘천마임축제의 가장행렬이었다.

그리스어인 미모스(mimos)에서 유래된 마임은 모방이나 흉내를 뜻한다. 오늘날에는 언어를 사용하지 않고 몸짓과 표정만으로 표현하는 연기를 가리킨다. 마임을 시(詩)에 비유하는 것도 몸이 전하는 메시지를 함축적으로 담고 있기 때문일 것이다. 목소리를 도려낸 자리에서 대화가 깊어지기도 한다. 몸짓은 목소리보다 많은 색을 품고 있다. 표정은 언어가 닿지 못했던 마음까지 당긴다. 공연자의 의도와 달라도 그 느낌은 그대로 또 하나의 마임이다. 그래서 마임은 누군가에게 더 깊이 다가가는 과정이다. 어느새 누군가에는 '나'도 포함된다. 마임을 자꾸 마음으로 잘못 읽는 것도 그 때문이 아닐까.

최근 마임은 다른 장르와 결합하면서 다양한 방식으로 확장되고 있다. 그 과정에서 춘천은 빠뜨릴 수 없는 도시가 되었다. 마임은 호수로 둘러싸인 춘천과 닮은 대화다. 고요한 호수가 전하는 목소리가 때론 파도보다 힘차다. 말 없이 전하는 움직임이 때론 비명보다 강렬한 것처럼.

매년 춘천을 뒤흔드는 춘천마임축제

춘천은 매년 여름으로 들어서기 전 요동친다. 온 도시가 한통속이 되어 다가올 여름보다 더 뜨거운 열기에 휩싸인다. 춘천마임축제 덕분이다. 춘천마임축제 공식 포스터 속 좌우 반전 된 '마'에는 축제가 전하는 일탈과 장난스런 농담이 담겨 있다.

2019년 30회를 맞이한 춘천마임축제는 런던 마임축제와 프랑스 미모스 축제와 함께 세계 3대 마임축제로 꼽힌다. 문화체육관광부가 지정한 축제 중 유일한 민간 주도 축제이기도 하다.

1989년 단 하루 진행됐던 마임페스티벌 공연자는 9명이었다. 1994년까지 이어지다 1995년부터 춘천국제마임축제로, 2002년부터 지금까지 춘천마임축제로 나아갔다. 12만 6,000여 명이 찾은 2019년에는 700여명의 아티스트가 9일간 다채로운 몸짓을 주고받았다.

1968년 세종문화회관의 전신인 시민회관에서 마임이 소개되었다. '침묵의 독무대'라는 설명이 붙은 독일 롤프 샤레(Rolf Scharre)의 공연을 통해서였다. 낯선 몸짓은 우리나라 최초 마임이스트이자 춘천마임축제를 처음 기획한 유진규가 마임에 빠진 계기가 되었다. 다음 해 극단 '에저또'의 탄생은 우리나라 마임의 기반을 마련했다. 여기서 유진규도 1972년부터 작품활동을 시작했다.

하지만 1980년대에 이르러 마임이 대중들의 관심에서 멀어지자 유진규는 춘천으로 내려와 카페와 대학극단을 운영했다. 그러던 중 마임기획자에 의해 1988년 5월 세종문화회관 별관에서 다시 공연을 시작했다. 이어서 1989년 '제1회 한국마임페스티벌'로 한국 마임은 기지개를 켰다. 5월 25일부터 29일까지 공간사랑에서 열린 공연은 춘천문화방송 초청으로 6월 23일 춘천MBC예술극장에서도 펼쳐졌다. 유진규의 '홍수로 인한 침수' 등 네 작품은 춘천이 마임의 도시로 나아가는 첫걸음이었다. 이 공연은 춘천 전역에 방송되며 눈길을 끌었다. 이때 모인 관심은 춘천시립문화관에서 열린 제2회 한국마임페스티벌로 이어졌다. 서울이 아닌 춘천에서의 시작은 고정관념을 깨트린 출발이었다. 당시 마임은 공연장에서 벗어나 명동과 시청을 무대 삼아 거리로 나갔다. 그 결과 춘천시민들의 호응도 두터워졌다. 이후 춘천시가 지원하고, 해외 팀이 참가하면서 더욱 탄탄한 축제로 자리 잡았다.

한번쯤 미쳐도 괜찮은 난장

춘천마임축제 대표 프로그램 중 하나는 도깨비난장이다. 밤 10시부터 다음날 새벽 5시까지 휘몰아치는 도깨비난장은 1998년 춘천어린이회관에서 시작되었다. 2001년부터 2008년까지는 고슴도치 섬 위도에서 펼쳐지기도 했다. 섬 입구를 수놓은 조명과 바람에 흔들리는 붉은 깃발은 현실과 선을 그었다. 밤 문화가 익숙하지 않던 때에 밤새 공연을 즐긴다는 기획은 춘천마임축제다운 발상이었다. 동시에 축제가 주는 일탈과 문화예술의 균형을 고민한 결과이기도 했다. 음악은 밤을 물들였고 공연은 밤을 지웠다. 어두워질수록 사람들의 표정은 환히 빛났다. 나중엔 관람객과 공연자가 뒤섞여 구분할 수 없었다. 도깨비가 궁금해서 온 도깨비난장에서 결국 모두가 도깨비가 되면 날이 밝았다.

2006년 춘천마임축제는 무박 3일간 펼쳐지는 난장 '미친

도깨비난장 공연 춘천마임축제의 대표적인 프로그램인 도깨비난장은 밤 10시부터 새벽 5시까지 이어진다.

금요일'로 사람들을 끌었다. 2004년부터 시행된 주5일제 덕분에 금요일 밤은 더욱 불타올랐다. 이때도 수영장이나 화장실을 공연장으로 쓰고 관람객이 공연에 참여하는 식의 파격적이고 신선한 시도는 여전했다.

또 다른 대표 프로그램 '아! 수(水)라장'도 시작됐다. 이날 하루 춘천 도심은 온통 물바다가 됐다. 명동과 브라운5번가를 중심으로 2008년에는 M백화점 앞까지 확대되었다. 당시 2만 5,000여 명이 몰릴 정도로 인기였다. 2019년에는 중앙로에서 펼쳐졌다. 평소 자동차로 가득했던 도로에 사람들이 몰려나와 서로 물을 끼얹었다. 어느새 엔진과 클랙슨 소리 대신 웃음과 환호성으로 가득 찼다. 콘크리트 건물 사이에서 배우들이 정교한 몸짓을 전했고 가로등에서는 쉴 새 없이 물줄기가 뿜어져 나왔다. 온몸이 흠뻑 젖으면 축제가 사람에게 어떤 의미인지 알 수 있었다.

마임축제 기간에는 춘천 전체가 공연장이다. 길거리나 학교뿐만 아니라 배 위에서도, 다리 밑에서도 펼쳐졌다. 모래뿐인 바닥도 공연을 펼치기에 모자람이 없었다. 한국전쟁의 상징 같았던 캠프페이지도 '물 위의 火루밤 물火일체'를 통해 공연장으로 바뀌었다. 공연장까지 올 수 없는 사람들이 있으면 직접 찾아 나서기도 했다. 이 과정은 춘천마임축제가 품고 있는 귀하고 맑은 힘이다.

국내 유일 마임 전용공간

춘천에 마임이 자리하면서 축제 기간뿐만 아니라 일상에도 스며들어야 한다는 의견이 이어졌다. 그 방향 중 하나로 국내에서 유일한 마임 전용공간인 '마임의 집'을 꼽을 수 있다. 유진규가 춘천시 옥천동에서 운영하던 레스토랑 2층을 개조해 만든 공간이었다.

1998년 2월 28일 시작된 마임의 집은 재정 문제로 잠시 닫았다가 2002년 1월 26일 다시 문을 열었다. 이후 2010년 4월까지 꾸준히 좋은 작품을 선보였다. 그 뒤 옥천동 교회 건물이 예술인을 위한 춘천예술마당으로 단장하면서 일상 속 마임은 계속 이어졌다.

서른 명 남짓한 관객을 맞이할 수 있던 100㎡의 작은 공간은 공연과 관객 사이를 좁혀줬다. 관객 중 절반은 춘천이 아닌 다른 지역에서 온 사람이었다. 그중에는 외국인도 있었다. 공연이 끝나면 배우들과 함께 작품과 연기에 대해

축제극장 몸짓 2010년 개관한 소규모 공연 전문 극장인 축제극장 몸짓은 마임을 비롯해 매달 새로운 공연으로 춘천을 물들이고 있다.

얘기 나눌 수도 있었다. 그사이 333회의 공연이 펼쳐졌고 2009년 한 해에만 650여 명이 찾아왔다.

이 흐름을 2010년 5월 개관한 소규모 공연 전문 극장인 '축제극장 몸짓'이 이어가고 있다. 지하 1층, 지상 2층 규모로 연면적 1,500㎡ 안에 150석의 공연장을 비롯한 연습실, 분장실이 갖춰져 있다.

풍물시장 입구 경춘선 하부교량에는 '지금 움직이는 당신의 몸짓이 바로 마임입니다'라고 쓰여 있다. 문장을 읽다 보면 어느새 가장행렬이 끝난 시간으로 빠져들었다.

놓친 풍선을 찾아 사방을 두리번거렸다. 고작 30분 남짓 걸었을 뿐인데 꿈속으로 빨려 들어온 듯했다. 사람들 얼굴은 낯설었고 나중엔 분장과 가면과 원래 얼굴 사이의 경계가 지워졌다. 사람들에 휩싸여 흔들리는 사이 피에로를 만났다. 아까 봤던 피에로인 것 같기도 하고 아닌 것도 같았다. 허리를 숙이고 빤히 들여다보는데 피에로도 같은 각도로 허리를 숙였다. 또 나를 따라 하고 있었다. 풍선을 잃어버렸다고 말했는데 목소리가 나오지 않았다. 허공에 풍선을 그렸다. 서너 번쯤 반복하자 피에로는 알아들었다는 듯이 고개를 끄덕였다. 그리곤 다시 풍선을 건네주었다. 그 순간 깨달았다. 처음부터 풍선은 없었다.

피에로는 풍선을 쥐고 이리저리 움직였다. 이번엔 하나쯤 잃어버려도 괜찮을 정도로 많이 주었다. 사자나 왕관을 달라고 해도 만들어주었을 것이다. 어쨌든 다시 풍선이 생겼다. 아까보다 더 생생하고 또렷한 풍선이었다. 인사를 전할 틈도 없이 피에로는 사라졌다.

풍선을 들고 세탁소로 돌아왔다. 아버지는 여전히 졸고 있었다. 이제 아버지의 움직임이 꼭 나를 위한 마임처럼 보였다. 다시 숙제 앞에 앉아 허공에 주판이 있다고 상상했다. 아까보다 손가락이 훨씬 유연해졌다. 어디선가 주판알이 오르내리는 소리가 들리는 것도 같았다. 누군가 마임을 얘기할 때면 꼭 이 장면이 떠오른다.

춘천에서는 누구나 한 번쯤 마임을 한다.

14 에티오피아 한국전 참전 기념관

국내 최초 원두커피가 춘천에서 시작된 사연

춘천마임축제, '겨울연가', 남이섬 등 외국인들은 국적만큼이나 다양한 이유로 춘천을 찾는다. 그중 춘천을 찾는 발길이 유독 특별한 나라가 있다. 조금 낯설지 몰라도 춘천에서는 친숙한 나라 에티오피아다.

그리스어로 '태양에 그을린 얼굴'이라는 뜻인 에티오피아는 3,000년 문화를 간직하고 있다. 320만 년 전 최초 인류 화석인 '루시'가 발견되었고, 아프리카 동쪽 끝에 뿔처럼 튀어나와 있어서 '아프리카의 뿔'이라고도 불린다. 비행기를 타고 10시간 이상 가야 도착할 수 있는 에티오피아가 춘천과 맺고 있는 관계를 따라가다 보면 인상적인 장면을 마주할 수 있다. 그중 우리나라에 원두커피를 처음 선보였던 순간도 있다.

아프리카의 유일한 한국전쟁 파병국

에티오피아는 아프리카 최대 커피 생산지다. 처음 커피가
발견되어 커피의 고향이라고도 불린다. 커피라는 이름도 에
티오피아 서부지역 '카파(kaffa)'에서 온 것이다. 우리에게 익
숙한 '모카' 역시 에티오피아 하라르 지역에서 나는 커피를
부르는 이름이다.

2017년 국내 커피 시장의 규모는 10조 원을 넘어섰다.
연간 커피 소비량만 해도 265억 잔으로 국민 한 사람당 1년
에 512잔의 커피를 마신 셈이다. 이제 주변에서 하루에 커
피 한두 잔쯤 마시지 않는 사람을 찾기 어렵다.

우리나라에는 1968년 처음 원두커피가 등장했다고 한
다. 춘천에 있는 한국 최초 로스터리카페 이디오피아집에서
였다. 그 사정은 춘천과 에티오피아의 특별한 관계에서 시
작한다.

에티오피아는 1963년 12월 23일 우리나라와 공식 수교
를 체결했다. 2004년 춘천과 에티오피아의 수도 아디스아
바바는 자매결연을 맺기도 했다. 이후 2011년 춘천 이디오

피아길 세계커피축제가 열렸다. 2013년 수교 50주년 행사도 춘천에서 진행되었고 2015년 에티오피아 물라투 대통령 내외가 방문하기도 했다. 2018년 9월 춘천에서는 에티오피아의 문화인 커피 세레모니를 볼 수 있는 문화제까지 열렸다.

에티오피아와 춘천 사이에 무슨 일이 있었던 걸까.

한국전쟁 당시 에티오피아는 30만 달러 원조와 함께 아프리카에서 유일하게 6,037명을 파병한 나라였다. 미국과 영국, 캐나다에 이어 네 번째로 많은 규모였다. 그것도 일반 군대가 아닌 하일레 셀라시에 1세 황제의 근위병이었다. 황제가 직접 지은 대대 이름은 '각뉴(kangnew)'로 상대에게 결정적 타격을 주거나 궤멸한다는 에티오피아 말이다.

각뉴 대대는 한국과 유사한 지형에서 강한 훈련을 받고 21일간 긴 항해 끝에 1951년 5월 6일 부산에 도착했다. 곧바로 화천 일대에서 치른 첫 전투 이후 산악지대와 춘천에 배치되어 1965년 3월까지 사태리전투, 삼각고지전투, 악어고지전투를 비롯한 253회의 전투에 투입됐다. 그 과정에서 전사자만 121명에 이르렀고 부상자도 536명이었다. 하지만 폭설과 영하에 이르는 추위를 처음 겪으면서 단 한 번도 패배하지 않았다. 뿐만 아니라 경기도에 보화고아원을 세워 아이들을 돌봤고 전쟁이 끝난 다음에도 유엔국제아동긴급기금, 교회세계봉사단 등을 통해 복구에 힘썼다. 당시 에티오피아 사정은 넉넉한 편이 아니었다. 그렇다고 우리나라와 남다른 인연이 있던 것도 아니었다. 그럼에도 파병을 결정했던 과정에는 에티오피아의 아픔이 포개져 있었다.

1935년 이탈리아의 침략을 받은 에티오피아는 세계 각국에 도움을 요청했으나 응답하는 나라가 없었다. 결국 스스로 침략자들을 물리치는 과정에서 27만 명의 희생이 뒤따

에티오피아 한국전 참전 기념관 2007년에 세워진 기념관의 외형은 에티오피아 전통가옥을 본 따 만든 것이다. 이 기념관은 춘천 사람들이 마음을 모아 세웠기에 그 의미가 더 깊다.

랐다. 희생은 1944년 영국-에티오피아 협정 후에야 그칠 수 있었다. 에티오피아는 같은 고통을 겪지 않기를 바라는 마음에 한국전쟁에 파병했던 것으로 알려졌다.

에티오피아의 수도인 아디스아바바의 남쪽 쉔콜라 지역에는 '코리아 빌리지'가 있다. 이 지역 학교 벽면에는 태극기와 함께 우리나라 전통놀이와 문양이 그려져 있다고 한다. 그 마을에는 한국전쟁 참전 용사와 그 후손들이 모여 산다. 참전 용사들 중에는 세상을 떠난 이들이 많다. 남은 사람들도 대부분 노인일 만큼 시간이 흘렀다. 2010년까지 약 355명이 생존해 있는 것으로 알려져 있다. 시간이 흘러도 이들을 기억하기 위해 공지천유원지에는 2007년 3월 에티오피아 한국전 참전 기념관이 세워졌다.

기념관에는 한국전쟁에서 받았던 도움을 잊지 않으려는 목소리가 여기저기 스며 있다. 참전기념전시실에는 전투 상황이 세세하게 기록되어 있다. 교류전시실에서는 춘천과 아디스아바바시의 교류 활동을, 풍물전시실에서는 에티오피아의 역사와 문화를 살펴볼 수 있다. 개관 이후 참전 용사와 에티오피아 대통령, 아디스아바바 시장, 주한아프리카대사를 비롯한 많은 사람들의 발걸음이 끊이지 않고 있다. 2018

년에만 12만 9,000여 명이 다녀갔고 2019년에는 한국관광
공사에서 '4월에 가볼 만한 곳'으로 선정하기도 했다.

에티오피아참전기념비와 이디오피아집

앞서 1968년에는 파병을 결정했던 황제 방문에 맞춰 16m
크기의 에티오피아참전기념비가 완공되었다. 5월 제막식
당시 황제는 자신을 수행하던 김현옥 서울시장에게 기념비
근처에 문화관 건립을 요청했다고 한다. 이디오피아집 팸플
릿에는 박정희 대통령이 요청했던 것으로 나와 있다.

이 말을 전해들은 조용이, 김옥희 씨 부부는 사재를 털어
1968년 11월 25일 이디오피아집을 열었다. 황제는 이디오
피아벳이라는 이름과 함께 친필 휘호를 보내왔고 황실을 상
징하는 황금사자문양도 사용할 수 있도록 했다. '벳'은 '집'이
라는 뜻으로 풀이하면 이디오피아집이 된다. 이어서 외교행
낭으로 황제가 즐겨 마시던 커피 생두까지 보내왔다. 부부
는 대사관을 찾아 로스팅을 배우고 생두를 프라이팬에 볶아
커피를 내렸다. 이것이 드립커피나 로스팅이라는 말조차 생
소하던 때 춘천에 원두커피가 등장한 배경이다.

한때 이디오피아집은 어려움에 처하기도 했다. 에티오피

**이디오피아집(위)과 원두커피
(아래)** 한국 최초 로스터리카페
이디오피아집은 한때 음악다방
으로 운영되어 가수 박인희와 양
희은이 디제이를 하고 소설가 이
외수가 매일 찾아와 글을 쓰기도
했다.

아는 1974년 군부세력에 의해 황제가 폐위되고 왕정이 붕괴되면서 공산화되었다. 이때 상호를 못 쓸 위기에 빠졌고 커피 수입마저 중단되었다. 다행히 1980년대에 접어들면서 상황이 달라져 이디오피아집은 자리가 없어 바닥에 앉아야 할 정도로 북적였다. 담배가루를 섞어 만든 '꽁초커피'가 문제였던 시절이라 제대로 된 커피를 마시러 춘천을 찾는 사람도 많았다. 문을 열었을 당시 커피 한 잔은 50원이었다고 한다. 종업원 월급이 7,000원쯤이었다고 하니 만만찮은 가격이었을 텐데도 하루 1,500잔까지 팔았다고 전해진다. 이디오피아집 팸플릿에 따르면 1991년 크리스마스 이브에는 이디오피아 커피만 1,260잔이 팔렸다고 한다.

춘천 고교생들은 졸업 후 이디오피아집에서 커피나 위스키를 마시는 것으로 성인식을 대신했다고도 한다. 미팅이나 맞선을 보면 성공할 확률이 높다는 소문까지 퍼지면서 이디오피아집은 어느 때나 사람들로 빼곡했다.

지금도 이디오피아집을 찾는 에티오피아인들은 안으로 들어서면 황제의 친필 휘호 쪽으로 걸어가 무릎을 꿇고 바닥에 입을 맞춘다고 한다. 입구에는 개관 후 얼마의 시간이 지났는지 알려주는 입간판이 있다. 쉬는 날도 없이 벌써 1만

8,000일이 훌쩍 지났다.

그런데 에티오피아집이 아니라 왜 이디오피아집일까. 그러고 보니 도로명주소도 이디오피아길이다. 한국식 국가명 표기법은 에티오피아지만 그에 따르지 않는 이유가 있다. 대를 이어 이디오피아집을 운영하고 있는 사장님 말씀에 따르면 '이디오피아 사람들은 에티오피아라고 하면 왜 나라 이름을 멋대로 바꾸느냐'며 화를 낸다고 한다. 에티오피아 길이 이디오피아길이 된 것도 발음을 하나하나 녹음해 춘천 시청에 제출한 결과였다.

처음 마셔본 원두커피

첫 원두커피를 이디오피아집에서 마신 건 행운이었다. 친구 들과 몰려다니며 자판기 커피를 뽑아 마시는 것조차 일탈로 느껴지던 때였다. 커피는 오로지 어른들만의 음료였다. 그 런데 그날은 무슨 일인지 내 몫의 커피도 나왔다. 고작 우유 나 오렌지주스일 줄 알았던 나는 얼떨떨했다. 순간 자못 엄 중한 목소리가 들렸다. 누구였는지는 희미하지만 목소리만 은 선명하게 떠오른다.

"이제 이런 데서 원두커피도 즐길 줄 알아야지."

한동안 커피잔을 들여다보기만 했다. 깊고 검어 금방이라도 빨려 들어갈 것 같았다. 입안에 털어 넣으면 비로소 어른이 될지도 몰랐다. 창밖의 호수를 한참 보다 겨우 한 모금 마셨다. 처음에는 술인 줄 알았다. 커피를 마시며 미간을 찌푸리지 않는 사람들이, 도리어 부드러운 미소를 짓고 나긋한 목소리로 이야기를 주고받는 사람들이 그때 유행하던 몰래카메라의 한 장면 같았다.

"아직 어른 되려면 멀었구나."

누구 목소리인지 여전히 가물가물하지만 이어지던 웃음은 또렷한 자국을 남겼다.

결국 커피를 절반쯤 남겼다. 아무도 내 커피를 대신 마시지 않았다. 그저 못다 한 내 몫의 커피로 남았다. 밖으로 나서기 전 돌아봤지만 다시 마실 엄두는 나지 않았다. 앞으로 커피는 마시지 않겠다고 다짐했지만 지금은 하루에 커피 한두 잔쯤 마시는 사람 중 하나가 되었다.

커피보다 뜨겁고 진하게 이어지는 시간

한국전쟁 당시 에티오피아는 우리나라보다 풍족한 나라였지만 지금은 인구 과반수가 빈곤 상태에 놓여 있다. 이에 따라

1999년에는 에티오피아 한국전쟁참전용사후원회가 결성되어 에티오피아를 방문해 참전 용사를 지원했다. 국가보훈처는 참전 용사 후손들에게 장학금을 지급했고 춘천시는 아디스아바바시에 중고 컴퓨터, 소방차, 구급차를 보냈다. 이디오피아집도 이윤 중 일부를 아디스아바바시 국제협력실에 기부하는 등 다양한 방식으로 도움을 이어나가고 있다.

뿐만 아니라 1975년에는 한국전쟁참전용사의 한국방문 사업이 시작되었다. 1992년에는 에티오피아 한국전쟁참전용사회가 창립되어 매년 한국전쟁참전기념식을 개최하고 있다. 2010년에는 참전 용사의 손자와 손녀를 대상으로 청소년 평화 캠프도 진행되었다.

2019년 6월 25일 찾은 에티오피아참전기념비 앞에는 꽃바구니가 놓여 있었다. 69년 전, 아픔에 대한 공감 하나로 오랜 시간 배를 타고 왔던 에피오피아의 마음과 잊지 않고 기억하려는 춘천의 마음이 서로 번져 꽃처럼 아름답게 남아 있는 듯했다. 그 마음만은 세월이 흘러도 시들지 않은 꽃이었다.

에티오피아 한국전 참전 기념관으로 건너가 이디오피아집에 들어섰다. 커피를 좋아하는 이가 춘천에 오면 으스대며 데리고 갔던 카페였지만 그날은 혼자였다. 그러자 오래 전 남겨둔 내 몫의 커피를 마주하는 듯했다. 안으로 들어설수록 혹시 가짜 어른이 되어버린 게 아닐까 하는 생각에 사로잡혔다.

커피는 원두뿐만 아니라 그날의 온도와 습도 같은 환경에도 영향을 많이 받는다. 만드는 사람 기분이나 손길에도 맛이 달라질 수 있을 정도로 예민하다고 하니 세심하게 다뤄야 한다. 어딘지 모르게 마시는 사람의 마음에도 맞춰지는 것 같다.

오래전 남겨둔 커피와 그날의 커피는 같으면서도 달랐다. 한여름 햇살만큼이나 강렬하면서도 점점 부드러워져 뒷맛은 엷은 슬픔으로 다가왔다. 이것으로 이제 원두커피를 즐길 줄 알게 된 것인지는 모르겠다.

⋯⋯ 더 보기 : 에티오피아 한국전 참전 기념관 주변 둘러보기

• **공지천** : 춘천 동내면 학곡리에서 시작해 북한강으로 흘러가는 하천이
다. 조각공원, 의암공원과 함께 에티오피아참전기념비, 이디오피아집이
공지천과 북한강이 만나는 쪽에 모여 있다. 원래 이름은 곰지내였다. 퇴
계 이황이 춘천 외갓집에 놀러 왔을 때 여물을 곰지내에 버렸는데 물고
기로 변했다. 그 물고기가 공지어였는데 그때부터 곰지내는 공지천으로
불리게 되었다. 용왕이 퇴계 이황에게 준 짚을 넣었더니 수많은 공지어

가 되었다는 이야기도 전
해져 온다. 공지천 구름다
리에 있는 조형물은 공지
어를 형상화한 것이다. 예
전에는 전국빙상대회가
열릴 정도로 동계스포츠
중심에 있기도 했다.

• **근화동396 청년창업공간 P6** : 춘천 도심에서 공지천유원지로 가려면
경춘선 전철과 기차가 다니는 다리 밑을 통과해야 한다. 그 자리에 언제
부턴가 컨테이너 박스가 하나둘씩 쌓였다. 2019년 11월부터 춘천에 사
는 청년들의 창작과 창업을 지원하기 위해 만들어진 공간이다. 주소인
근화동 396번지와 경춘선 하부교량 P6은 그대로 이름이 되었다. 14.8㎡
의 18개 공간에서 손으로 직접 만든 액세서리, 캔들, 빵, 공예품, 옷 등
을 만나볼 수 있다. 이곳에서만 만나볼 수 있는 물건들이기에 더 특별하
게 다가온다.

15 상상마당 춘천

어린이회관에서 모두를 위한 놀이터로

이디오피아집에서 공지천을 따라 걸으면 춘천MBC를 지나 상상마당 춘천에 닿는다. 춘천에 오랫동안 살았던 사람들에겐 '어린이회관'으로도 익숙한 공간이다.

어떤 공간은 이름이 바뀌고 나서도 한동안 예전 이름으로 불린다. 효자동 행복예식장은 리모델링하면서 스페인어로 '행복한 날'을 뜻하는 디아펠리즈로 바뀌었지만 지금도 행복예식장으로 부르는 이들이 많다. 강원대학교 후문 근처 도화골사거리는 축협이 사라진 후에도 여전히 축협사거리로 통한다.

2013년 새 이름을 얻은 '상상마당 춘천'도 빈번하게 어린이회관으로 불린다. 어린이회관의 추억이 깊고 짙어 쉽게 빠져나올 수 없는 탓이다. 춘천 사람들 중 어린이회관에서 인형극 한번 보지 않고, 그림 한 장 그려보지 않고 어른이 된 사람은 없을 것이다.

우리나라 세 번째 어린이회관

국제연합 경제사회이사회는 1976년 국제연합 총회에서 유엔아동권리선언 20주년이 되는 1979년을 '세계 아동의 해'로 정하기로 뜻을 모았다. 이후 국제연합아동기금을 중심으로 아동 문제를 이해하고 해결하고자 하는 움직임이 퍼져나갔다고 한다. 또한 1980년에는 춘천에서 제9회 전국소년체전이 열릴 예정이었다. 두 개의 굵직한 상징이 맞물려 4월 강원도청소년대책위원회는 이를 기념할 수 있는 건축물 건립을 추진했다.

1979년 10월 어린이회관 건립이 확정되어 1980년 5월 24일 강원어린이회관이 개관했다. 사격장이 있던 자리에 7개월 동안 12억 원의 사업비를 들인 결과였다. 1992년에는 춘천어린이회관으로 바뀌어 상상마당 춘천이 들어서기 전까지 이어졌다. 서울과 부산에 이어 세 번째 어린이회관이었다.

어린이회관은 개관 첫해에만 54만 명의 사람들이 찾았다. 당시 춘천시 인구가 21만 명이었다고 하니 춘천 사람 치고 그해 어린이회관에 가보지 않은 사람이 드물었을 것이다.

어린이회관은 춘천MBC 옆에 비밀처럼 나 있는 길을 통해 갈 수 있다. 계절에 상관없이 나무가 우거져 있다 보니 어둑해서 자칫 놓칠 수도 있는 길이다. 안으로 들어서 몇 걸음만 이으면 선물처럼 숨겨진 어린이회관을 만날 수 있다. 음침한 길 끝에 한눈에 다 들어오지도 못할 만큼 넓은 세계를 마주하면 탄성을 지를 수밖에 없다. 모험 끝에 새로운 땅을 발견한 기분이 들기도 한다.

차를 이용한 접근성이 나쁘다는 지적도 있었지만 적어도 어린이들은 별로 상관하지 않는 것 같았다. 놀이터에서 '효율'과 '1등'이 중요하지 않은 것처럼. 어쩌면 어린이회관으로 가는 길은 어린이에게 닿으려면 보편적인 생각에서 벗어나 그만한 수고를 감수해야 한다는 뜻을 담고 있는지도 모르겠다.

지하 1층, 지상 2층의 규모인 어린이회관은 전시실과 극장을 비롯해 자연학습공간, 회의실, 도서실, 식당, 휴게실 등 어린이들을 위한 시설을 갖추고 있었다. 특히 주목받았

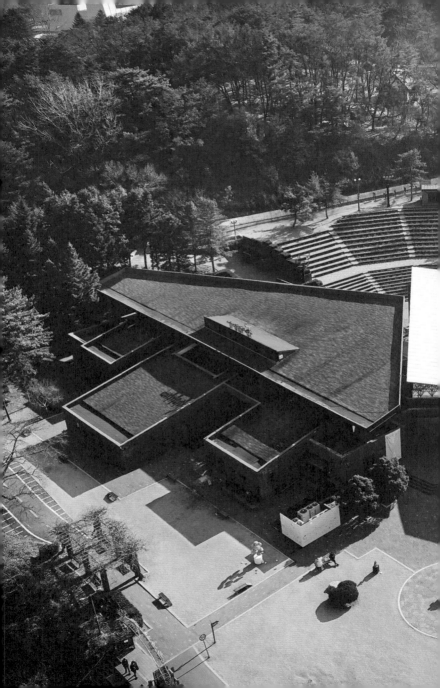

상상마당 춘천의 야외원형극장 어린이회관이었을 때 조성한 강원도 최초의 야외원형 극장은 변함이 없다. 1,300석 규모로 웅장하면서도 주변 자연환경과 유연하게 어울린다.

던 것은 강원도 내 최초 야외원형극장이었다. 야외극장 무대 끝에서 의암호를 보면 어린이회관은 호수와 잘 어울리는 액자였다. 그림을 헤치거나 방해하지 않으면서 무심하게 빛나는 액자.

건축가 김수근이 어린이의 마음으로 지은 건물

어린이회관은 올림픽체조경기장으로 잘 알려진 현대건축의 거장 고(故) 김수근 건축가 작품이다. 김수근 건축가가 강원도에 설계한 첫 작품이기도 해 더 각별했다. 당시 인터뷰 내용을 보면 어린이회관의 의미를 깊이 살펴볼 수 있다.

"처음 설계를 의뢰받았을 때 어린이와의 공간이라니 좋은 테마구나 싶어 재미있게 만들어야겠단 생각이 났죠. 왜냐면 나 자신도 어린이와 마찬가지니까요. 숨바꼭질하는 것처럼 아늑하게 숨어 있다 나오면 햇빛이 옆으로 비쳐 들어오다가 지붕에서 쏟아져 들어오기도 하고 어느 부분에 오면 탁 트여 구름다리 같은 데서 호수와 산이 보이는 공간상의 해프닝을 테마로 삼았어요. 어린이는 바로 노는 사람이란 개념이고, 그런 어린이 본질을 세련시킬 문화적 공간으로 이 건축물의 개념을 살렸지요."[1]

어린이회관은 어른이 어린이를 위해 만든 게 아니라 건축가가 어린이가 되어 만든 것에 가깝다. 인터뷰 내용처럼 어린이회관은 독립공간이면서 어딘가로 연결되어 있고 막혀 있을 것 같지만 자세히 보면 새로운 통로를 발견할 수 있다. 그래서 길을 잃기 쉽고 몇 층인지 헷갈릴 때도 많다. 얼핏 보면 필요 없는 공간처럼 보이지만 이내 아늑한 분위기에 휩싸이기도 한다. 매번 낯선 공간에 들어서는 것 같은 기분도, 공간이 쉽게 그려지지 않는 것도 같은 이유다. 바닥과 천장, 벽과 벽의 경계가 불분명한 탓도 있다. 어린이회관은 네모반듯한 모양, 공간 활용에 신경 쓰고 일조량과 환풍을 고려한 실용적인 건물과 선을 긋고 있다. 그래서 어린이회관은 숨기 좋다. 그림자에 싸여 있다가 해가 기울면 드러나는 벽도 많다. 출구를 찾아 헤매다 의암호가 보이는 창 앞에서 목적을 잊은 채 시간을 보낼 수도 있다. 그 순간 누구라도 어린이로 돌아간다.

---

1 〈경향신문〉, 1980년 7월 11일.

위에서 내려다보면 어린이회관은 또 다른 모습이다. 양쪽으로 대칭을 이룬 건물이 날개가 되어 의암호에 내려앉은 붉은 나비처럼 보이기 때문이다. 야외무대를 꽁지로 보고 새를 떠올리는 이도 있다. 어떤 방향이든 눈을 뗄 수 없다는 점은 같다. 하늘에서 춘천을 내려다봤을 때 가장 빼어난 건축물은 어린이회관일 것이다.

숲과 호수의 일부처럼 보일 정도로 어린이회관은 자연 속에 번져 있다. 훌륭한 건축물은 돋보이거나 도드라지는 게 아니라 어울리는 것일지도 모르겠다.

매년 봄에 열렸던 '파란 글 꽃그림 잔치'는 어린이회관 야외극장을 중심으로 펼쳐졌다. 그때도 야외극장에는 그늘이 없어 햇빛 아래 눈을 찌푸리며 그림을 그려야 했다. 책상이 없다 보니 쭈그리고 앉아 벌을 받는 자세였다. 선은 삐뚤빼뚤해지기 일쑤였고, 땀방울은 연신 스케치북 위에 떨어졌지만 마음만은 내내 두근거렸다.

그때 그렸던 그림은 기억나지 않는다. 하지만 다 그린 그림을 보며 이리저리 고치다 지워버리고 끝내 다시 그리던 순간은 생생하다. 아무렇지 않게 떠밀려오는 바람 한 줄기나 코끝에 닿았다가 사라지던 꽃향기, 의암호에서 건너오는 희미한 물소리, 어린이회관 끄트머리부터 노을이 번지면서 밀려오던 가벼운 졸음 같은 것도.

어린이회관의 위기와 세 번째 상상마당

어린이회관은 수많은 어려움에 놓이기도 했다. 1981년 7월 입장료를 받기로 결정할 정도였다. 이후 1984년 5월 강원일보사가, 1989년 4월 바른손팬시가 경영에 참여했지만 결과는 암울했다. 유지보수비용을 감당하기 어려웠고 활용방안도 불투명했다. 1990년부터 춘천시가 운영을 맡아 공연과 교육프로그램을 마련하고 전통혼례식장까지 기획했지만 사정은 나아지지 않았다. YMCA와 종교단체가 맡아봐도 비슷한 결과였다. 2006년 다시 위탁운영자를 찾았지만 나서는 곳이 없었다. 연간 운영비만 1억 5,000만 원인 데다 보수공사에 10억 원 이상 들여야 했기 때문이다. 국립춘천박물관이 국내 최초 국립어린이박물관으로 운영하겠다는 의견을 제시했지만 결국 흐지부지되었다.

2007년 4월 예술교육문화 프로그램 전문회사인 E-브릿지커뮤니케이션에서 위탁 운영하면서 보수공사를 하기도 했다. 이후 춘천민예총이 위탁경영과 매각을 검토했지만

2011년 입장 차이로 포기했다. 어린이회관을 설계한 건축 회사가 배전과 설비를 비롯한 개보수에 최소 30억 원이 필요하다는 진단 결과까지 내놓아 어린이회관의 미래는 어두웠다. 그저 축제나 행사 때만 반짝 사람들이 몰리고 그보다 긴 시간을 고요하게 보냈다.

나중엔 흉물로 남았다는 소리까지 나왔지만 허물고 새로 지어야 한다는 춘천 사람은 드물었다. 낡아서 유지보수에 많은 비용이 들어가도 어떻게든 그대로 살리자는 의견이 많았다. 의미 있는 건축물이라는 이유도 있었지만 그보다 어린이회관에 쌓인 추억 때문이 아니었을까.

어린이회관은 1993년 춘천문화예술회관과 1994년 강원대학교 백령아트센터가 들어서기 전까지 춘천의 복합문화공간으로 갖는 의미가 컸다. 춘천마임축제, 춘천인형극제, 춘천국제연극제 등에서도 중요한 무대가 되었다. 하지만 어린이를 위한 행사는 2001년 사농동에 들어선 춘천인형극장으로, 마임축제 공연장은 2010년 효자동에 들어선 축제극장 몸짓으로 옮겨지는 바람에 더 스산해졌다.

폐관된다는 소문마저 퍼질 쯤, 2002년 민영화 이후 사회공헌에 관심을 기울이던 KT&G가 나섰다. 2007년 홍대,

2011년 논산에 이어 세 번째 상상마당으로 춘천어린이회관을 점찍은 것이다. 연간 140만 명이 방문하는 상상마당 홍대보다 세 배, 상상마당 논산보다 두 배 넓은 규모였다. KT&G 관계자의 말처럼 "전문예술인과 일반 대중이 예술적 상상과 공감, 소통할 수 있는 문화 향유 공간"인 상상마당은 어린이회관과도 잘 어울렸다. 폐교를 새롭게 단장한 상상마당 논산처럼 어린이회관에 거는 기대도 점점 고조됐다.

2013년 건물 매입을 시작으로 리모델링을 거쳐 2014년 4월 춘천어린이회관은 '상상마당 춘천'으로 새롭게 출발했다. 공연장과 스튜디오를 비롯한 갤러리, 카페, 강의실, 세미나실, 연습실 등 다양한 공간이 조성되었다. 뿐만 아니라 문화예술교육을 위한 공간과 한국 디자이너들의 상품을 만나볼 수 있는 디자인 스퀘어도 들어섰다. 근처 강원도체육회관은 숙박시설로 탈바꿈하기도 했다.

이 과정에서 매각을 반대하는 목소리도 높았다. 하지만 신축이나 증개축 없이 건물 외형을 그대로 유지하기로 한 계획과 수익사업이 아닌 상상마당 용도로만 제한하는 조건 등이 호응을 얻었다고 한다.

그래서 어린이회관의 상징인 빨간 벽돌도 그대로 남을

수 있었다. 이 벽돌은 색상이나 질감이 독특해 국내는 물론 외국에서도 비슷한 것을 찾기 어렵다고 한다. 그래서 번거롭더라도 기존에 있는 벽돌을 최대한 활용하는 방향을 선택했다고 전해진다. 덕분에 빨간 벽돌로만 이뤄져 공간의 경계가 희미하고 모호했던 매력도 계속 이어졌다. 좌우대칭형 구조와 야외무대도 거의 원형을 그대로 살려 보존했다. 그 결과 춘천어린이회관은 40년 전 모습을 그대로 간직한 채 상상마당 춘천이 되었다. 그제야 비로소 사람들의 발걸음도 이어졌다. 다시 한번 모험 끝에 새로운 땅을 발견한 기분을 떠올리면서.

상상마당 춘천 옛 어린이회관의 빨간 벽돌을 그대로 살린 것이 인상적인 건축물이다.

상상마당 춘천은 다양한 공연과 전시로 호평을 받았다. 최근 20세기 거장 시리즈의 여섯 번째 전시로 선보인 '노만 파킨슨 사진전'을 비롯해 벼룩시장과 녹음실 체험을 중심으로 한 어린이날 페스티벌을 진행하면서 많은 사람들이 즐거운 시간을 보냈다. 또한 '수요일 사이좋은 극장'을 통해 매주 다른 테마의 영화를 무료로 상영하고 어린이들을 위한 예술 교육도 활발하게 진행 중이다. 최정상급 프로 드러머들을 만날 수 있었던 국내 최대 규모의 2019 KMU 드럼캠프를 개최했고 상상실현페스티벌을 통해 정상급 뮤지션의 공연까지 이어졌다. 이 과정에서 수익금 전액을 지역사회의 소외된 이웃에게 기부하기도 했다. 상상마당 춘천이 있어 춘천의 일상에서 느낄 수 있는 감각은 한결 섬세해졌다.

어린 시절 꿈과 희망을 고스란히 간직하고 있는

야외극장을 지나 무대에 선다. 어린이회관이었을 때도 상상마당 춘천으로 바뀐 지금도 누구나 무대 위에 설 수 있다. 관객이 한 사람뿐이라도, 그저 바람과 햇살뿐이라도 모두 무대 위 주인공이다.

무대를 지나 뒤쪽으로 간다. 레스토랑이 있던 자리는 카페가 되었다. 사생대회에 참가했을 때 레스토랑에서 주스를 마시며 편안한 의자에 앉아 그림을 그리던 친구들이 부러웠다. 엄마는 우리도 들어가자고 했지만 나는 못 들은 척 딴청을 피웠다. 엄마의 사정을 모르지 않았기 때문이다. 힐끔거리지 않으려고 애썼지만 불편한 자세를 고치거나 땀이 떨어지면 레스토랑 쪽으로 시선이 갔다. 그러다 눈이라도 마주치면 서둘러 고개를 숙였다.

카페 안에서 보니 고친 그림이 맘에 들지 않아 울상 짓던 내가 보인다. 눈이라도 마주치면 무심한 듯 주스 한 잔 건네주고 싶지만 그럴 수 없다. 시간을 거슬러 어린 시절과 만날 수 없다는 것을 알고 나니 정말 어른이 된 것 같다. 상을 타지 못해 시무룩했던 내게 건넸던 엄마의 목소리가 떠오른다. 행사장이 정리되었는데도 야외극장을 떠나지 못했던 내게 바람처럼 불어넣던 목소리.

"괜찮아. 아직 어린이잖니."

쪼그리고 앉아 땀을 흘려가며 그렸던 선은 빨간 벽돌처럼 상상마당 춘천 어딘가에 남아 있을 것 같다. 지금 적어도 그때보단 정확한 선을 그을 순 있겠다. 하지만 그때보다 더 멋진 선일지는 모르겠다. 예전에 그렸던 그림을 찾아 상상마당 춘천을 헤맨다. 수없이 왔는데도 길을 잃을 것 같다. 길을 잃어도, 그래서 좀 뒤처져도 괜찮다. 상상마당 춘천에선 누구든 어린이가 될 수 있으니까.

처음 어린이회관이 들어섰을 때 내걸었던 '호숫가에 피어나는 끝없는 동심의 세계'라는 슬로건은 40년이 지난 지금도 여전히 유효하다. 어른이 되어버린 모든 이들에게.

- **춘천예술마당** : 미술작품을 감상할 수 있는 춘천미술관, 사진을 비롯한 다양한 전시가 이어지는 아트플라자갤러리, 연극과 공연을 관람할 수 있는 봄내극장, 문화예술인들의 창작이 이뤄지고 있는 창작관이 옹기종기 모여 있다. 춘천미술관은 1995년 어린이회관에서 시작했다가 교회 건물을 단장해 지금까지 쓰고 있다. 한곳에서 다양한 예술장르를 접할 수 있고 춘천시청과 봉의산 사이에 있다 보니 도심과도 가까워 춘천 사람들이 자주 찾는 문화예술공간이다.

- **춘천인형극장** : 2001년 5월 4일 문을 연 국내 최대이자 하나뿐인 인형극 전용극장이다. 춘천인형극박물관에는 200여 점의 인형들과 함께 인형극에 대해 알 수 있는 자료와 체험시설까지 갖추고 있어 즐길거리가 가득하다. 뿐만 아니라 인형 제작 과정과 그림자인형극의 원리도 알아볼 수 있다. 인형에 빠져 있다 보면 누구나 동심으로 돌아간다.

- **춘천애니메이션박물관** : 국내 유일 애니메이션 박물관으로 2003년 10월 1일 우리나라 최초로 들어섰다. 동굴에서 시작된 애니메이션의 기원과 발전 과정뿐만 아니라 제작 과정까지 알 수 있다. 1967년에 최초 장편애니메이션인 '홍길동전'을 찍었던 카메라, 같은 해 최초 인형 애니메이션인 '흥부와 놀부'의 비디오와 시나리오 등 만 여점의 애니메이션 자료가 있다. 더빙을 비롯한 다양한 체험을 통해 애니메이션에 대한 이해를 넓히고 세계 각국 애니메이션도 만날 수 있다. 근처 토이로봇관까지 즐기면 더욱 알찬 시간을 보낼 수 있다.

16 중도
레고랜드와 선사유적지

'상상마당 춘천' 가장자리에 서면 의암호를 볼 수 있다. 의암호는 춘천 서쪽을 감싸 안은 모양이다. 삼악산과 함께 만들어내는 선연한 경치는 유연하면서 차분하다. 북쪽에는 춘천호가, 동북쪽에는 소양호가 자리 잡고 있다. 호수마다 크기, 수심, 모양이 달라 전해지는 인상도 풍성하다. 춘천호는 계곡을 따라 이리저리 꺾여 있어 호수가 아니라 강처럼 보일 정도로 역동적인 느낌이고 소양호는 크기 때문에 웅장한 느낌이 강하다. 댐이 생기면서 춘천은 호수가 전하는 표정을 가장 다양하게 볼 수 있는 도시가 되었다. 그 표정 사이에 섬이 있다.

호수가 준 선물

의암댐은 의암호뿐만 아니라 중도를 비롯해 위도와 붕어섬을 선물처럼 남겼다. 이 섬들은 예전에는 사농동과 이어진 하나의 육지였다. 조선시대에도 중도는 육지와 붙어 있었다고 한다. 하지만 댐이 만들어지면서 일부 땅이 호수 아래에 잠겨 중도는 섬이 되었다.

의암호가 품고 있는 섬은 춘천 사람들이 떠올리는 첫 번째 섬이다. 내게도 섬이란 호수 위의 땅이었다. 그러니까 작은 배로 잔잔한 물결을 십여 분 남짓 가로질러 닿을 수 있는 평평하고 너른 땅. 그래서 바닷가에 있는 섬을 본 순간 어딘가 한쪽이 우그러지고 깨진 것 같았다. 바다의 섬에 가기 위해서는 솟구쳤다가 한없이 푹 꺼지기를 반복하는 배를 타고 한 시간쯤 들어가야 했다. 물결은 언제든 배를 집어삼킬 것처럼 거대했고 일순 사나워졌다. 이내 배는 흠뻑 젖었고 힘을 주느라 다리는 후들거렸다.

섬에 도착해서는 가파른 경사를 여러 번 지나쳐야 했다. 그때마다 볼을 힘껏 꼬집는 것 같은 바람이 우르르 몰려왔다. 춘천의 무른 바람과 확연히 달랐다. 춘천에서는 섬과 포옹하는 느낌이었다면 바다에서는 위태롭게 매달려 있는 것에 가까웠다. 긴장을 늦추면 언제라도 밖으로 튕겨져 나갈 것만 같았다. 나중엔 왜 같은 '도(島)'를 쓰는 건지 의아할 정도였다. 뒤따라오던 일행은 굼뜬 나를 향해 소리쳤다. 목소리에는 답답한 기색이 역력했다.

"섬 자주 다녀봤다면서?"

거짓말쟁이처럼 보이고 싶지 않아 일행에게 내가 알고 있는 섬을 얘기하려 애썼다. 하지만 파도와 바람소리가 목소리를 낚아채갔다. 춘천의 섬에서는 물결치는 소리도 나무가 바람에 흔들리는 소리도 어지간해선 목소리를 넘지 않았다. 바람이 잦아드는 틈을 타 목소리를 높였다. 학교 다닐 때 소풍이나 야영은 꼭 위도나 중도였다는 것에 대해서, 매년 가는데도 갈 때마다 번지는 설렘에 대해서, 섬의 밤이 얼마나 고요하고 단단한지에 대해서, 새벽에 끼는 물안개와 아무리 시선을 멀리 둬도 끝을 가늠할 수 없었던 잔디밭에 대해서.

하지만 이제는 모든 수식을 뒤로 한 채 아무도 들어갈 수 없는 섬에 대해 얘기할 수밖에 없다.

고슴도치처럼 다가갈 수 없게 된 섬, 위도

위도가 의암호의 섬들 가운데 가장 위에 있어서 위도인 줄

아는 이들이 많다. 하지만 모양이 고슴도치를 닮았다는 데서 붙은 이름이다. 그래서 고슴도치를 뜻하는 '위(蝟)'를 쓰고 고슴도치섬이라 부르기도 한다.

위도에는 46만㎡의 넓이에 숲과 잔디밭이 펼쳐져 있었다. 덕분에 지난 40여 년 동안 소풍 장소로 인기였다. 뿐만 아니라 나들이나 야유회, 캠핑 등 다양한 방식으로 춘천 사람들의 사랑을 받았다. 취사장, 야영장, 수영장, 낚시터를 비롯해 잔디구장과 수상스포츠를 즐길 수 있는 시설까지 마련되어 있다 보니 수련회로도 자주 찾았다. 매년 봄에는 춘천마임축제도 펼쳐졌다. 하지만 지금은 나무 한 그루 찾아볼 수 없을 정도로 황폐해졌다. 그나마도 함부로 들어갈 수 없는 형편이다. 2008년부터 춘천마임축제 프로그램 중 하나인 '도깨비난장' 장소가 바뀐 것도 그 때문이었다.

같은 해에 민간 사업자가 섬을 매입했던 것이 시작이었다. 이어서 콘도와 요트 시설, 공원, 테마파크를 조성해 관광지로 꾸미겠다는 거창한 계획이 발표되었다. 그 계획에 희망을 거는 쪽이 많았다. 춘천이 품고 있는 매력이 널리 알려질 기회라고 보는 이들도 있었다. 그러나 이후 투자자가 나오지 않는 바람에 사업 규모까지 늘렸지만 주거래은행이

영업 정지되면서 자금난이 이어졌다. 착공은 계속 연기되었고 진행되는가 싶으면 투자 유치의 어려움으로 다시 중단되었다. 결국 건축 허가에 이어 사업 계획 승인마저 취소되는 상황에 이르렀다. 그 뒤에도 새로운 주인은 좀처럼 나타나지 않았다.

이 과정에서 숲과 잔디밭은 모두 사라졌다. 위도에서 둘러앉아 나눴던 이야기도 송두리째 뽑혀 나갔다. 시간이 더 흐르면 밤새도록 펼쳐졌던 도깨비난장까지 잊힐지 모르겠다. 언제부턴가 위도는 섬보다 더 멀게 느껴지는 섬이 되었다.

사랑과 낭만의 섬, 중도

위도에서 남쪽으로 따라 내려오면 고구마섬을 지나 또 다른 섬을 볼 수 있다. 춘천 도심에서 서북쪽으로 1.5km밖에 떨어져 있지 않은 중도다.

중도는 상중도와 하중도로 나뉘는데 원래 하나의 섬이었다. 뱃길을 내려고 운하를 설치하는 바람에 쪼개졌다거나 섬 가운데가 의암호에 잠겨 분리되었다는 이야기가 전해진다. 중도는 보통 하중도를 가리킬 때가 많다. 하중도는 하중도(下中島)이기 전에 하중도(河中島)다. 북한강과 소양강이 만

나는 자리에 쌓인 퇴적물이 만들어낸 섬이기 때문이다. 퇴적물만큼이나 1986년 문을 연 중도유원지에는 많은 추억이 쌓여 있다.

중도선착장에는 늘 기대와 설렘이 맴돌았다. 안내도에 써진 '사랑과 낭만의 섬 중도' 때문일지도 몰랐다. 막상 배를 타고 도착한 중도에는 딱히 색이랄 게 없었다. 어딜 봐도 초록빛이었다. 그저 조금 더 짙거나 흐릿할 뿐이었다. 게다가 평평하고 끝없이 넓기까지 해서 어디로 걸음을 떼어야 할지 알 수 없었다. 그러자 중도는 스케치북처럼 보였다. 걷는 대로 발자국이 남아 밑그림이 그려졌고 푸르거나 분홍색이 도는 웃음을 터뜨릴 때마다 색이 입혀졌다.

춘천에서 유년시절을 보낸 사람이라면 집에서 벗어나 부모님과 떨어져 처음으로 외박한 장소로 중도를 기억하는 이들이 많다. 고작 10여 분이었지만 맥도2호라고 쓰인 배를 타고 섬으로 들어왔다는 생각은 해방감과 두려움을 뒤섞었다. "배가 끊기면 나갈 수 없다"는 선생님의 나지막한 목소리에 괜히 식은땀이 흐르기도 했다. 춘천인데도 춘천과 떨어진 어디쯤인 것만 같았다.

중도에는 숲과 잔디밭뿐 아니라 9,000여 명을 수용할 수

중도 1993년 중도의 모습이다. 섬 위쪽의 초록색 부분이 중도유원지다.

있는 야영장이 있었다. 통나무로 만든 숙소와 수영장, 보트 장도 있어 나들이 오는 사람들이 끊이지 않았다. 2009년 서울과 춘천을 잇는 고속도로가 개통된 해에는 10월까지 10만 명이 몰릴 정도로 휴식과 캠핑의 명소로 주목받았다. 춘천에 살아서 좋은 점으로 중도를 꼽는 이들도 많았다. 중도는 오랫동안 춘천을 대표하는 유원지였지만 그 전에 유적지로 더 많이 알려져 있었다.

수천 년의 시간이 차곡차곡 쌓인 보물섬

이 섬에서는 신석기 말기와 철기시대 초기의 유물과 주
거지가 대량 발굴되어 북한강에 형성된 철기문화의 대표적
인 유적지로 평가되고 있다.

2001년부터 중도 운영을 맡은 강원도개발공사가 선착장
에 세운 안내판에 적힌 내용이다. 유적지라는 걸 증명하듯
중도 안 선사유적전시장에는 고인돌이나 움집이 많았다. 그
중 소양강댐을 건설할 때 수몰지구 안에 있던 고인돌도 있
었다.

제25회 한국사능력검정시험 1번 문제에 중도가 등장하
기도 했다. 중도에서 발견된 고인돌과 비파형동검, 마을을
감싸고 도랑이 만들어진 취락 형태인 환호를 통해 시대를
맞추는 문제였다. 이 발견은 1970년대 후반으로 거슬러 올
라간다. 의암댐이 들어서자 북한강 수위는 들쑥날쑥해졌다.
그 과정에서 토기와 반월형 석도, 유구석부, 마제단인석부
같은 돌도끼가 발굴됐다. 이어서 국립중앙박물관에서 북한
강 일대를 조사하던 중 고인돌과 돌무지무덤을 확인했다.

섬의 가장자리에서는 민무늬토기와 김해식토기도 볼 수 있었다. 1980년에는 초기 철기시대 주거지까지 드러났다. 당시 발견된 경질무문토기는 원삼국시대 표지유물이라 중도식토기라 불렀다.

중도는 청동기 후기 무덤에서 원삼국시대 대형 돌무지무덤으로 변화하는 과정을 알 수 있어 더 주목받았다. 신석기시대부터 철기시대 초기까지 이어진 거대한 주거지 유적으로 불리는 것도 그 때문이다.

춘천은 호수가 생기기 전 북한강과 소양강이 만나는 비옥한 토양이었다. 그러니 신석기시대부터 사람들이 모여 살았던 것은 당연한 일일지도 모르겠다. 의암호가 된 땅에도 많은 유물이 있을 거라고 추측하는 것도 같은 이유다.

개발과 보존 사이에 드러난 민낯

최근 몇 년간 중도를 둘러싼 걱정스러운 목소리가 이어지고 있다. 2011년 중도에 레고랜드가 들어선다는 계획이 발표되면서부터다. 2014년까지 개장한다는 구체적인 일정도 이어졌다. 그쯤 중도도 위도처럼 들어갈 수 없는 섬이 되었다.

동아시아 최초이자 세계 아홉 번째 레고랜드가 생긴다는

소식에 분위기는 한껏 달아올랐다. 일자리 창출을 비롯해 관광객 유입과 세수 증대를 기대할 수 있는 사업이었기 때문이다. 호반의 도시로만 여겨졌던 춘천에 새로운 이미지를 만들 수 있는 기회이기도 했다. 2017년 12월 춘천역과 중도를 잇는 춘천대교까지 완성되었을 때도 기대는 여전했다.

하지만 유물과 유적이 쏟아지면서 기대의 방향이 엇갈렸다. 청동기시대와 원삼국시대 환호 각 1기, 집터 1,495기, 고인돌을 비롯한 청동기시대 무덤 150여 기, 경작유구 등 3,000여 기가 넘는 유구 규모로 충청남도 부여시 송국리 유적과 나란히 둘 정도였다. 권력자를 의미하는 비파형동검을 비롯해 청동도끼, 토기, 농사를 지었던 흔적도 잇따라 나왔다. 그중 비파형동검에 시선이 모였다. 무덤이 아닌 주거지에서 나왔다는 것은 일반적으로 널리 쓰였다는 뜻일 수 있기 때문이다. 둘레 404m에 9,000㎡에 이르는 환호에도 관심이 쏟아졌다. 한반도에서 발견된 최초의 청동기시대 사각형 환호이기 때문이다. 환호는 마을을 보호하는 기능과 함께 안과 밖, 우리와 남을 구분하는 의미도 있어 중요한 자료라고 한다. 이를 바탕으로 전문가들은 국사교과서 청동기시대를 다시 써야 한다는 의견까지 내놓았다.

여전히 중도를 보는 시선은 팽팽하게 맞서고 있다. 지금이라도 경기도 연천군 선사유적지처럼 역사테마파크로 방향을 바꿔야 한다는 입장과 지역경제 활성화 측면에서 레고랜드만큼 파급력이 없을 거라는 입장이 충돌하고 있다. 개발이 진행된 상황에서 투자 문제와 계약 파기에 따른 후폭풍을 무시할 수 없다고 보는 이들도 많다. 늦기 전에 상중도나 캠프페이지 등 다른 부지를 고민해야 한다는 의견도 이어졌다.

중도는 숙제로 남아 기대와 우려, 희망과 안타까움이 뒤엉켜 있다. 나아가 춘천의 미래를 떠올릴 때 가장 앞에서 민낯을 드러낸 섬이 되었다.

미래에 그려질 섬의 모습

위도와 중도의 이야기는 끝까지 미뤘다. 매번 변화하는 상황 때문이기도 했지만 결말을 다르게 쓰고 싶은 바람 탓이 더 컸다. 마지막에는 '여전히 아무도 들어갈 수 없는 섬'이 아니라 '이제 누구라도 들어가 추억을 쌓을 수 있는 섬'으로 맺고 싶었지만 그럴 수 없게 되었다.

이제 중도선착장에는 맥도2호가 드나들지 않는다. 중도

라는 글씨마저 모르는 사람은 짐작조차 어려울 정도로 흐릿하다. 매표소에는 오래전 사라진 그린소주와 OB맥주 광고판이 남아 뱃길이 끊긴 기간을 떠올릴 수 있다. 위도의 예전 모습도 사진으로만 남아 있다.

　이 글을 읽을 때엔 섬에 들어가 볼 수 있어서 다행이라는 생각과 함께이길 바란다. 나무 그늘에 앉아 얼마 전까지 아무도 들어갈 수 없는 섬이었다고 떠올려보는 것도 좋겠다. 하지만 지금은 의암호를 사이에 두고 어렴풋이 보이는 섬을 우두커니 바라볼 수밖에 없다.

······ 더 보기 : 중도와 위도 주변 둘러보기 ······

- **육림랜드** : 1975년 5월 문을 열어 오랫동안 어린이들의 사랑을 받았다. 3만 평 규모에 놀이시설뿐만 아니라 다양한 동식물도 만나볼 수 있고 수영장, 골프장을 갖추고 있다. 오래전 놀이기구와 시설이 많이 남아 있어 최근 옛 감성을 그리워하는 이들이 많이 찾는다.

- **강원도립화목원** : 강원도에 자생하는 식물을 전시하고 연구하기 위해 1996년부터 조성해 1999년 5월 20일 문을 열었다. 강원도 산림개발연구원 관리 아래 2만 5,000평 공간에서 1,800여 종의 식물을 만나볼 수 있다. 그중 환경부에서 지정한 멸종 위기 식물도 20종 있다고 한다.

- **서면 박사마을** : 전라북도 임실군 삼계면 박사골, 경상북도 영양군 주실 마을과 함께 3대 박사마을로 불리며 우리나라에서 단위 인구 당 박사가 가장 많이 나온 마을이다. 첫 시작은 1968년 미국에서 의학박사 학위를 딴 송병덕 씨다. 이후 인구가 4,000명인 서면에서 150여 명의 박사가 나왔다. 한승수 전 국무총리도 이 마을에서 자랐다. 1999년 박사마을 선양탑이 세워지면서 더욱 유명해졌다. 역사적으로도 서원이 있어 유생들이 많아 학문적 분위기가 남달랐다고 전해진다. 도심으로 가는 교통이 불편하고 해가 빨리 뜨는 탓에 서면 사람들은 부지런했다고도 한다. 배를 타고 북한강을 건너 농산물을 팔면서 자식들만은 더 좋은 환경에서 살 수 있도록 교육에 힘썼던 마음을 짐작해볼 수 있다.

17 우두온수지

소양강 냉수를 햇빛으로 데우는 독특한 저수지

춘천하면 떠오르는 몇 가지 장면이 있다. 늦은 밤 춘천역에 내렸는데 짙은 안개로 택시가 다니지 않아 대합실에 묶여 있던 사람들의 표정, 어딜 가나 심심찮게 볼 수 있는 닭갈비 집이나 무작정 걷다 보면 우연처럼 마주하게 되는 호수 같은 것이다. '봄내음(飮)'이라는 이름을 갖게 된 수돗물과 춘프리카로 불릴 정도로 무더운 여름도 그중 하나다.

유독 차가운 춘천 수돗물

춘천에 온 후배는 가장 인상적이었던 것으로 수돗물을 꼽았다. 그날 일기예보에서는 일사병에 걸린 사람이 속출하고 있으니 외출을 자제하라고 했다. 춘천은 산으로 둘러싸여 있어 열기가 빠져나가지 않고 맴돌았다. 게다가 사방에서 호수가 뿜어내는 습기 때문에 끈적끈적했다. 돌아다니길 포기한 후배는 춘천 사람들이 어떻게 여름을 견디는지 궁금해했다. 그 궁금증은 수돗물만으로도 얼마간 풀렸다.

무더위가 이어지면 어쩐지 수돗물마저 미지근한 것 같은 기분이 들곤 한다. 하지만 춘천에서는 한여름에도 깜짝 놀랄 만큼 차가운 수돗물이 나왔다. 8월에도 샤워하려면 기어이 보일러를 틀어야 한다고 할 정도였다. 춘천 수돗물 우습게 보다가 감기에 걸린다는 얘기도 반쯤은 진담이었다. 실제 춘천시상하수도사업소 관계자는 가끔 수돗물이 너무 차갑다는 민원이 들어온다고 전했다. 15도 정도의 찬물이 원수(原水)로 공급되다 보니 그럴 만도 했다. 원인은 소양강댐에 형성된 냉수괴(冷水塊) 때문이었다.

강원도보건환경연구원에 따르면 소양강댐은 수심별로 온도가 다르다. 표층은 수온이 27도인 반면 수심 80m 지점은 8도로 20도 가까이 차이가 난다. 심층은 6도밖에 되지 않는다는 얘기도 있다. 수심 10m는 21도, 20m는 16도, 40~60m 지점은 10도로 겉은 따뜻할지 몰라도 수심이 깊어질수록 물은 차가워진다. 그래서 후배는 겉은 따뜻해 보여도 속마음은 차가운 사람이나 깊이 알수록 냉정해지는 사람을 소양강댐에 비유하기도 했다.

연간 100만 명이 찾는 소양호는 내륙의 바다라고 불릴 정도로 넓고 수심이 깊다. 이런 호수에는 표수층 물은 따뜻하지만 심수층에는 겨울에 냉각된 물이 가라앉아 성층현상이 강하게 일어난다고 한다. 그렇다 보니 상하층의 물이 서로 섞이지 않는 상태가 이어진다. 이는 온도에 따른 비중 차이 때문이다. 물은 4도쯤에서 밀도가 가장 높은데 밀도가 높은 물은 아래로 가라앉는다. 그래서 찬물은 아래로 내려가고 따뜻한 물은 위에 머문다. 의견이나 취향이 다른 사람과 섞이지 않으려는 사람을 두고 소양강댐과 비슷하다고 했던 후배의 말도 그 때문이었다.

그때 후배가 가리키는 사람이 어쩌면 자신일지도 모른다는 생각이 들었다. 많은 사람들이 여행에서 잊고 있었던, 어쩌면 애써 모르는 척했던 자신의 모습을 발견하기 때문이다. 후배는 취직하고 나서 받은 첫 휴가를 춘천에서 보냈다. 휴가를 받기 전까지 자신이 너무 차가운 사람이 된 것 같아 염려해왔다. 이어서 그것이 사회인이 되어가는 과정이거나 자연스러운 변화일 수도 있을지 물어왔다. 마땅한 대답을 찾지 못한 나는 대답 대신 보일러를 틀어줬다.

소양댐 취수구 위치가 수심 16~36m 지점이다 보니 수돗물이 차가울 수밖에 없었다. 용수 온도를 조절해주는 조정지 댐도 없는 형편이라 차가운 물을 그대로 내보낼 수밖에 없었다. 서울물연구원에 따르면 서울시 수돗물인 아리수는 6월 말 28도까지 상승한다 하니 춘천 수돗물이 얼마나 찬지 추측해볼 수 있다. 그러니까 서울에서 온 후배가 느꼈을 수온 차이는 10도쯤이었을 것이다.

그 때문에 소양강댐 아래는 물놀이를 하기에 적합하지 않았고 살 수 있는 어류도 한정적이었다. 하지만 같은 이유로 춘천 사람들은 폭염이 그칠 기미를 보이지 않으면 소양강댐에서 2km쯤 떨어진 콧구멍다리로 모였다.

콧구멍을 닮은 다리

콧구멍다리는 소양강댐을 건설할 때 자재 운반을 목적으로 만들어졌다. 세월교(洗越橋)라는 멀쩡한 이름이 버젓이 있었지만 그렇게 부르는 사람은 드물었다. 동면과 신북읍을 잇는 세월교는 소양강댐 수문이 열리면 물이 교량을 넘는다는 뜻에서 붙여진 이름이었다. 하지만 다리 아래 깔린 원형관이 콧구멍을 닮아 콧구멍다리로 더 익숙했다.

콧구멍다리 아래는 소양강댐의 차가운 물이 모여 있어 한여름에도 서늘한 기운이 맴돌았다. 그래서 여름에는 더위를 식히려는 사람들이, 겨울에는 빙어를 잡으려는 낚시꾼들이 콧구멍다리를 찾았다. 어렸을 때 아버지는 근처에 귀신이 살아서 여름에도 서늘한 거라고 했다. 대답도 잊은 나는 다리 아래로 성큼성큼 내려갔다. 하지만 물에 손을 담그는 것은 망설였다. 꼭 귀신 얘기 때문만은 아니었다. 잠깐만 담그고 있어도 바늘로 찌르는 듯한 냉기가 전해져왔다. 몇몇

해 질 무렵 우두온수지 차가운 소양강댐의 물을 온수지에 가둬 햇빛으로 따뜻하게 데운 후, 뒤에 보이는 우두들녘의 농업용수로 사용하고 있다.

은 누가 더 오랫동안 견디나 내기를 했지만 결과는 1분도 채 지나지 않아 나왔다. 춘천에서 여름감기에 걸렸다면 누구라도 이유를 알겠다는 듯이 묻곤 했다.

"콧구멍다리 갔다 왔지?"

콧구멍다리는 철거를 앞두고 있다. 낡은 다리 대신 소양 7교가 그 역할을 할 것으로 전해졌다. 노후와 안전상의 문제라고는 하지만 50년이 넘는 시간 동안 쌓인 추억 때문에 아쉬워하는 이들도 많았다. 그래서 계속 남겨질 가능성도 열려 있다고 한다.

차가운 물에 온기를 더하는 시간

2017년 소양강댐에 선택취수탑이 만들어졌다. 이제껏 댐에서 방류되는 물은 깊은 수심의 물로 고정되어 있었다. 소양강댐처럼 큰 댐은 수력발전소의 기능도 함께 갖고 있는데 발전소 터빈을 돌리기 위해서는 높은 수압의 물이 필요하기 때문이다. 하지만 선택취수탑을 통해 취수구를 여러 개 설치하면 필요에 따라 수심을 선택할 수 있다. 이 덕분에 앞으로 냉수 문제를 해결할 수 있을 것으로 기대하고 있다.

그동안 우두온수지는 소양강댐의 차가운 수온을 해결할

수 있는 방법 중 하나였다. 1967년 소양정을 지금의 위치인 소양로1가에 중건하면서 소양정에서 바라보는 여덟 가지 빼어난 경관을 소양팔경으로 선정했다. 봉의산에 머문 구름, 호암에 부는 솔바람, 화악산 맑은 기운, 월곡리 아침 안개, 고산 저녁노을, 매강 어부들의 피리 소리, 백로주의 돛단배 그리고 우두들녘에 저녁밥 짓는 연기라는 뜻인 우야모연(牛野暮煙)이 그것이다. 요즘에는 저녁밥 짓는 연기를 찾아볼 수 없지만 해 질 무렵 우두들녘에 나가보는 것만으로도 왜 빼어나다 했는지 알 수 있다. 우두들녘은 소양2교를 건너 신북교를 통해 소양강댐으로 가는 길에 볼 수 있다. 우두들녘은 오래전부터 농사짓기 좋은 땅이었다. 춘천의 대표적인 농작물인 소양강 토마토도 여기서 나왔다. 그 근처에 우두온수지가 있다.

우두온수지는 1974년 우두동 우두벌에 12.6ha 규모로 조성되어 인근 지역 253ha의 논밭에 농업용수를 공급해주고 있다. 소양강댐의 차가운 물을 가둬 3일 정도 햇빛을 받아 적당한 수온으로 끌어올린다는 점이 저수지와 다른 점이다. 농작물의 냉수 피해를 막기 위해서다.

물을 따뜻하게 데운다는 것 때문에 가끔 일부러 온수지

를 찾곤 했다. 차가운 수돗물에 놀랐던 후배를 데려간 것도 비슷한 이유였다. 온수지에 갈 때면 괜히 외할머니 목소리가 안개처럼 무럭무럭 피어올랐다. 외할머니는 내가 보이지 않거나 토라져 있을 때마다 헛기침 끝에 가느다란 목소리를 냈다. 귀를 기울여야 알아챌 수 있을 정도로 연약한 목소리인 동시에 저절로 귀를 기울이게 되는 목소리였다.

"어디 있니? 이리 온…. 어서 이리 온…."

끝에 덧붙이던 '온'은 항상 길게 늘어뜨렸다. 그 목소리가 좋아서 어떨 땐 짐짓 숨어 있거나 멀리 떨어져 있기도 했다. 외할머니 목소리에 담긴 '온'과 온수지의 '온'은 다른 뜻이지만 어딘지 모르게 비슷한 의미인 것만 같았다. 둘 다 햇빛을 받아 데워진 온기를 담고 있기 때문이다.

볼 것도 없는데 뭐 하러 여기까지 왔느냐고 투덜대던 후배는 노을이 질 때까지 온수지를 바라봤다. 옆에 있던 나는 외할머니처럼 따뜻한 목소리를 전하고 싶었다. 그동안 차가운 사람들 때문에 상처받다가 결국 자신도 차가워졌을, 그래서 무작정 춘천으로 왔을 후배에게. 후배가 놀랐던 것은 차가운 수돗물 때문이기도 했지만 동시에 회사를 다니면서 차가워진 자신 때문이라는 것을 모르지 않았다. 춘천을 떠

나기 전 후배는 사실 휴가가 아니라 무단결근이었음을 고백
했다.

온수지는 지금 이 순간에도 소양강댐의 차가운 물을 따
뜻하게 데워주고 있다. 그래서 춘천 한쪽이 늘 따뜻한 것도
같다. 후배와 내가 온수지를 보고 있었던 시간에도 햇빛을
받아 수온이 조금씩 상승했을 것이다. 돌이켜보면 그때 온
수지가 따뜻하게 데워줬던 것은 단지 소양강댐의 차가운 물
만은 아니라는 생각이 든다.

18 춘천막국수체험박물관
지금 막 눌러서 내놓는 국수

'춘천닭갈비막국수축제'가 2019년에는 '춘천막국수닭갈비축제로' 바뀌었다. 춘천을 대표하는 음식으로 닭갈비와 막국수의 우열을 가리기 어려운 탓에 홀수 년에는 막국수를, 짝수 년에는 닭갈비를 앞에 넣기로 했기 때문이다.

춘천에는 막국수집만 해도 80여 개가 있다. 닭갈비와 함께 취급하는 집까지 합치면 130개가 넘는다. 연간 4,000~5,000억 원대의 매출을 올리는 막국수와 닭갈비 식당은 춘천 경제에 가장 큰 영향을 미치는 산업 중 하나다. 라면으로 유명한 식품회사는 간편하게 먹을 수 있는 막국수를 출시해 인기를 끌었는데 그 앞에는 자연스레 '춘천'이 붙었다. 어느새 춘천과 막국수는 따로 떼어놓고 생각하기 어려울 만큼

끈끈하다.

지역을 대표하는 음식을 들여다보면 지역에 대한 이해가 수월해지듯 막국수를 알면 춘천을 좀 더 깊이 살펴볼 수 있다. 우두온수지를 지나 신북사거리에서 신북로로 틀면 얼마 지나지 않아 춘천막국수체험박물관에 닿을 수 있다. 여기에서 막국수를 둘러싼 여러 이야기를 들어볼 수 있다.

춘천막국수의 유래

강원도는 예전부터 메밀 주산지였다. 조상들은 메밀을 두고 청엽, 백화, 홍경, 흑실, 황근의 오색을 갖춘 영물이라 불렀다. 씨를 뿌리고 두어 달이면 수확할 수 있고 온화하지 못한 기후와 척박한 땅에서도 잘 자라주니 흉년에는 귀한 구황작물이기도 했다. 그래서 춘천에서는 일찍부터 메밀을 활용한 요리가 발달했다. 그중 특별한 재료 없이도 만들 수 있던 막국수는 농촌에서 손님을 대접할 때 내던 별식 중 하나였다.

『향약구급방』에 따르면 고려 고종 때 사찰에서 승려들이 막국수를 만들어 팔았다는 기록이 남아 있다. 이후 조선시대까지 밀을 구하기 어려워 국수라고 하면 대개 메밀국수를 의미했다. 당시 춘천은 양구, 화천, 인제에서 재배한 메밀이 한양으로 가기 전에 모여 제분되던 곳이었다. 그래서 자연스레 제분소가 많이 생겨났는데 그때 메밀가루를 반죽해 눌러 먹던 것이 춘천막국수의 시작이다.

1960년대 화전정리법 시행으로 화전민이 내려와 생계를 위해 팔았던 국수를 춘천막국수의 원조로 보기도 한다. 그쯤 춘천에 건설하던 댐 때문에 생긴 수몰민들도 내려와 막국수를 만들었다. 그러다 1970년대 관광이 활성화되면서 춘천막국수가 향토음식으로 자리 잡았다는 것이다.

더 오래전으로 거슬러 올라가는 이야기도 있다. 1895년 명성황후가 시해된 을미사변 이후 춘천에서는 의암 유인석 선생을 중심으로 의병이 일어났다. 그 과정에서 춘천의병과 가족들은 일본군을 피해 산으로 들어가 화전 생활을 할 수밖에 없었다. 그때 메밀, 감자, 콩, 조 등을 심어 먹고 남은 것을 팔아 생활했던 것으로 알려져 있다. 그러다 읍내 장터에 내다 팔았던 것이 메밀로 만든 막국수였다.

한편 한국전쟁 이후 생활고를 해결하기 위해 막국수를 만들어 팔던 것이 대중적으로 알려진 계기라고 보는 입장도 있다. 1960년대 정치인이었던 정일권, 김종필 등이 춘천에

춘천막국수박물관 국수틀과 가마솥을 본뜬 외관이 인상적이다. 막국수와 메밀에 대해 알 수 있고 2층에서는 막국수를 직접 만들어볼 수도 있다.

오면 꼭 막국수를 먹고 간다고 해서 유명해졌다는 이야기도 함께 전해진다. 1981년 여의도에서 열린 '국풍81'에서 강원도를 대표하는 음식으로 춘천막국수가 소개되면서 더욱 유명해지기도 했다.

춘천을 대표하는 소설가 김유정의 작품에도 막국수가 등장한다. 1935년 매일신보에 발표한 단편소설 「솥」에는 "저 건너 산 밑 국수집에는 아직도 마당의 불이 환하다. 아마 노름꾼들이 모여들어 국수를 눌러 먹고 있는 모양이다"라는 문장이 있다. 앞서 1933년 3월 제일선에 발표한 단편소설 「산골 나그네」에는 "한편에서는 국수를 누른다. 잔치 보러 온 아낙네들은 국수 그릇을 얼른 받아서 후룩후룩 들이마시며 색시 잘났다고 추었다"는 문장도 있다. 두 작품에서 등장하는 국수가 막국수다. 메밀가루는 밀가루와는 달리 글루텐이 거의 없어 쉽게 뭉쳐지지 않아 면발이 거칠고 찰지지 않다. 그래서 막국수는 밀어 먹는 국수도 아니고 말아 먹는 국수도 아닌 '눌러 먹는 국수'다.

춘천에 처음 문을 연 막국수집은 '방씨 막국수'로 알려져 있다. 1930년대 지도를 보면 요선동 소양고개 근처에 '방씨 막국수'라는 이름을 단 식당이 표시되어 있다. 농촌에서 만들어 먹던 막국수가 시내에도 들어서면서 생겨난 식당이었다. 처음에는 따로 가게를 내지 않고 가정집에서 시작했다. 그래서인지 요즘에도 유명한 막국수집 중에는 가정집 형태를 띤 곳이 많다.

당시에는 나무틀을 이용해 사람의 힘으로 면발을 만들었다. 지금과는 달리 따뜻한 국수였다. 오직 메밀로만 반죽하다 보니 올챙이국수처럼 숟가락으로 퍼 먹거나 들고 마시는 형태라는 것도 지금과 다르다. 동치미 국물을 넣어 차게 즐기기도 했지만 지금처럼 비벼 먹는 방식은 나중에 등장했다.

그때 막국수 가격은 10전이었다. 같은 시기 호떡이 5전이었다고 하니 호떡 2개 먹을 돈이면 막국수 한 그릇 먹을 수 있던 시절이었다. 그 시절부터 지금까지 막국수는 여전히 많은 사랑을 받고 있다.

막국수의 의미

막국수라는 표현은 어딘지 모르게 부자연스럽다. 메밀이 주원료니까 메밀국수라고 부르는 게 정확할 것 같다. 그런데 왜 막국수라고 부를까.

사전에서 '막'을 찾아보면 '몹시 세차게' 혹은 '아무렇게나 함부로'라는 뜻을 갖고 있는 '마구'의 준말이라고 나와 있다. 그럼 막국수는 세차게, 아무렇게나 함부로 만든 국수라는 의미일까. 그래서 화전민들이 끼니를 때우려고 메밀을 '마구' 갈아서 뽑은 국수라고 알고 있는 이들도 많다.

하지만 '지금 방금, 바로 만든'이라는 뜻에 주목해보면 막국수는 다르게 읽힌다. 메밀은 껍질을 벗기는 순간부터 맛이 달라진다. 그래서 밀가루와 달리 미리 반죽해놓으면 면이 풀어져 제대로 먹기 힘들다. 먹기 직전에 빻아 가루로 만들어야 가장 맛있는 국수를 만들 수 있는 것도 그 때문이다. 그러니 막국수는 미리 만들어두는 국수가 아니라 먹을 때마다 지금 '막' 새로 메밀을 빻아 만들어야 제맛을 내는 음식이다. 막걸리의 '막'도 비슷한 의미로 '지금 막, 갓 빚은 술'이라는 뜻이라고 한다.

그 외에 메밀가루로 반죽해 거무스름한 빛깔을 띠는 국수라서 묵(墨)국수라고 불리다가 막국수가 되었다는 이야기도 있고, 맛국수가 막국수로 바뀌었다고 보는 이도 있다. 메밀의 옛말인 교맥에서 기원을 찾기도 한다. 춘천막국수닭갈

춘천막국수 담백한 맛을 위해 파와 마늘을 안 쓰는 막국수는 육수, 설탕, 참기름, 식초, 겨자를 어떻게 양념해서 먹느냐에 따라 맛이 달라진다.

비축제 홈페이지에 따르면 간단하게 해먹을 수 있다는 의미에서 막국수가 생겨났다고도 한다. 어떤 의미로 따져 봐도 막국수가 담고 있는 깊고 담백한 맛은 변함없다.

더위가 몸집을 부풀릴 쯤이면 할머니 생신이었다. 그날은 온 가족이 모여 막국수를 먹으러 갔다. 할머니 치아가 좋지 않다 보니 고를 수 있는 음식은 많지 않았다. 고기는 부담스러웠고 그렇다고 생일인데 죽이나 두부를 먹기에는 아쉬움이 있었다. 매년 고민이 이어지다가 어느 순간 막국수로 굳어졌다. 할머니가 건강할 땐 나들이 삼아 멀리 나섰지만 나중엔 거의 시내에 있는 막국수집에 둘러앉았다.

막국수가 나오면 할머니가 먼저 식초를 잡았다. 모두의 시선이 고정되면 할머니는 무심한 듯 면발 위에 식초를 찔끔 쏟았다. 이어서 겨자를 반 바퀴쯤 돌려 뿌리고 육수를 자작하게 부었다. 마지막으로 설탕을 슬쩍 섞었다. 금방 녹아 사라질 만큼 아주 조금이었다. 한눈에도 싱거워 보였지만 할머니는 그쯤에서 고개를 끄덕였다. 그때부터 서로 식초와 겨자를 주고받기 바빴다. 설탕을 바닥에 흘리기 일쑤였고 육수 주전자는 쉴 새 없이 여기저기 옮겨 다니다 순식간에 바닥을 보였다. 입맛에 따라 넣는 양념도 제각각이었다.

자못 신중하게 면발을 끊어 오랫동안 오물거리던 할머니는 그릇을 절반쯤 비웠을 때 주변을 휘둘러봤다. 그쯤 벌써 한 그릇 다 비우고 딴청 부리는 사람이 꼭 있었다. 할머니는 그쪽을 향해 막국수를 덜어줬다. 번번이 배부르다고 마다했지만 결국 막국수를 남기는 사람은 없었다. 몇 번인가 내 그릇에도 막국수 한 덩어리가 툭 떨어졌다. 식구들 그릇을 하나하나 살피던 할머니의 손길이었다. 그때마다 나는 한 젓가락 먹어보고선 설탕을 넉넉히 넣고 겨자를 두 바퀴 둘렀다. 그래도 성에 차지 않아 양념장을 추가하기도 했다. 할머니는 '쯧' 하고 혀를 찼다.

"이걸 무슨 맛으로 먹어요? 아무 맛도 안 나는데."

"누가 뭐랬냐. 막국수에 정답은 없지. 제일 맛있는 건……."

나는 입을 비죽이며 면발을 쓱쓱 비볐다. 그제야 혀끝에 새콤한 맛이 돌았다. 할머니는 느릿느릿 목소리를 뱉었다. 오래 씹어야 맛을 알 수 있을 것 같은 목소리였다.

"내 입맛에 맞는 막국수지."

나는 바람 빠지는 소리를 내다가 면발을 입에 밀어 넣었다.

가장 맛있는 막국수

춘천에서 어디 막국수가 제일 맛있냐고 물어오면 한참 망설인다. 집집마다 방식이 다른 만큼 매력도 다양하기 때문이다. 고명과 육수를 줄이고 양념장과 동치미국물만으로 맛을 내기도 하고 채소를 듬뿍 얹어 아삭한 식감을 내세우기도 한다. 거칠고 툭툭 끊어지더라도 메밀로만 반죽하는 집이 있는가 하면 밀가루를 섞어 탱탱하고 쫄깃한 면발을 고집하는 집도 있다. 국물을 줄여 진득하게 먹는 막국수도 있고 메밀싹을 수북하게 얹어서 알싸한 향과 화려한 색감을 더하거나 꿩고기를 올리는 막국수도 있다.

영동과 영서지방 막국수도 다르다. 강릉을 비롯한 양양, 고성에서는 겉껍질이 그대로 들어가 거뭇거뭇한 메밀면을, 춘천을 중심으로 인제, 원통에서는 겉껍질을 완전히 제거한 메밀을 선호한다.

그래도 한 번 더 물어오면 목소리 안쪽이 텅 비워진다. 성묘길에 다닥다닥 붙어 앉아 먹었던 막국수는 채소가 넉넉하고 토마토도 한 조각 얹어줘서, 멀리서 온 선배에게 뭐가 먹고 싶으냐고 물었더니 그저 막국수면 된다고 해서 갔던 집은 육수가 유난히 구수하고 진해서, 아버지가 사줬던 막국수는 양념장이 되직하고 김과 깨가 많이 들어가 있어서 맛있었다.

그중 하나를 꼽으라면 할머니가 툭하고 덜어준 막국수 한 덩어리가 제일 맛있었다. 혀를 쿡쿡 찌르는 자극도 없었고 입안을 확 움켜쥐지도 못했던, 그 심심했던 맛. 언제부턴가 정답은 없다고 했던 할머니의 목소리가, 자기 입맛에 맞는 게 제일이라고 했던 말이 막국수가 아니라 삶에 대한 이야기인 것처럼 들렸다. 이젠 다 먹고 나서 주변을 휘둘러봐도 기다렸다는 듯이 남은 막국수를 덜어주던 할머니는 없다.

언젠가 할머니 방식대로 막국수를 양념해서 먹어봤다. 맛있었지만 그때와 뭔가 달랐다. 무언가 빠진 것 같고 너무 많이 넣은 것도 같은데 그게 무엇인지 도통 알 수 없었다. 그 맛을 찾아낼 생각인 것처럼 매년 더위가 슬금슬금 몰려오면 할머니가 있었을 때처럼 막국수를 먹으러 나섰다.

막국수는 여름에 시원하게 먹을 수 있는 음식이다. 『동의보감』에도 메밀은 성질이 냉하여 비장과 위장의 습기와 열기를 없애주고 체내의 열을 내려준다고 나와 있다. 하지만 알고 보면 겨울 음식에 가깝다. 메밀은 여름에 씨를 뿌려 늦가을에 수확하기 때문이다. 열에도 약해 겨울에 먹는 맛이 더 좋다고 한다. 게다가 반죽을 눌러 만들어야 하니 동네 장정 서넛이 모여 힘을 합쳐야했다. 농번기에는 엄두도 못 냈으니 막국수는 겨울 음식일 수밖에 없었다. 지금은 굳이 겨울을 고집할 필요는 없다. 냉장고가 있어 일 년 내내 메밀을 좋은 상태로 보관할 수 있고 기계로 면을 뽑으니 사람의 힘이 필요하지 않기 때문이다. 기술이 더 좋아지면 할머니가 덜어주던 막국수의 맛도 되살릴 수 있을까.

춘천에서 가장 오래된 막국수집은 1967년에 문을 연 실비막국수라고 한다. 주인은 식초와 설탕을 같은 비율로 넣고 거기에 겨자를 약간 섞으면 제일 맛있는 막국수라고 전한다. 이어서 육수를 조금 부어 비비는 것도 잊지 않아야 한다고 당부한다. 그 말에도 몇 번쯤 할머니의 방식을 따라해봤다. 올해는 작년보다 조금이나마 더 비슷한 맛이 나왔으면 하고 바라면서. 바람을 조금씩 이어가다 어느 해인가 불현듯 깨달았다. 그리워했던 건 담백하고 심심했던 막국수가 아니라 할머니와 둘러앉아 먹었던 막국수일지도 모른다는 것을.

19 옥광산
세계에 단 하나뿐인 옥 캐는 광산

"어디서 나긴. 저기 물가에서 주워 왔지."

엄마는 햇빛에 목걸이를 비추고 있었다. 손길에 따라 빛의 각도가 달라졌다. 그때마다 엄마의 표정이 일렁였다. 가까이서 보니 목걸이는 물방울이 촘촘하게 이어진 것 같았다. 그래서 물가에서 굳은 물방울을 주워 만든 건 줄 알았다. 춘천에는 물이 많으니 그럴 수도 있을 것 같았다. 그때까지 물방울은 부서지지 않고 온전히 손끝에 매달려 있었다.

엄마 옆에 바짝 서자 목걸이에서 반사되는 햇빛이 내 얼굴에도 닿았다. 누군가 얼굴을 부드럽게 감싸는 것처럼 따뜻했다. 손에 닿으면 뭉개질까 봐 조심스럽게 목걸이를 만져봤다.

"이게 옥이란다. 옥."

엄마 입 모양을 따라 발음해봤다. 입술이 옥구슬처럼 동그랗게 모이면서 그 사이로 청량한 바람이 드나들었다. 몇 번을 더 발음하자 옥구슬이 구르는 것 같은 휘파람이 흘러나왔다. 그 순간 목걸이보다 목걸이를 보고 있는 엄마의 표정이 더 맑게 빛나고 있다는 것을 깨달았다. 그것은 언젠가 나를 보던 표정과 겹쳤다. 엄마가 이따금 내게 했던 '없는 살림에도 금이야 옥이야 키웠다'는 목소리가 떠올랐다. 넉넉치 않던 시절 엄마는 어떻게 옥 목걸이를 갖고 있었을까.

엄마는 신북사거리에서 신샘밭로를 따라가다 콧구멍다리를 건넜을 것이다. 콧구멍다리는 금과 옥처럼 빛나는 길이라는 뜻의 금옥길로 연결되어 있다. 구불구불한 금옥길은 동면 월곡리까지 이어져 있다. 월곡리는 달빛을 받아 빛나는 마을이라고 한다. 그 안에 옥광산이 있다.

가장 오랫동안 사랑받아온 보석

옥은 가장 오랫동안 사랑받은 보석이면서 건강을 위해 쓰인 최초의 보석이기도 하다. 춘천에는 이미 10억 년 전부터 옥이 있었다. 옥은 바닷속 선캄브리아 변성퇴적층이 백운암

질 대리암으로 변성되면서 만들어졌다고 한다. 세월이 흘러 1968년에서야 춘천에서 옥이 발견되었다. 대일광업이 활석을 캐는 과정에서 나온 것이었다. 쓰임새가 많았던 것과 달리 옥광산 발견이 늦었던 배경을 두고 옥기 사용 제한으로 사치를 경계했던 조선시대 정책 때문으로 보기도 한다. 당시 임금의 몸을 옥체, 임금의 도장을 옥새라 부를 정도로 옥은 귀했다. 명나라가 지속적으로 옥을 요구했던 탓에 개발하지 않았던 것도 하나의 이유로 전해진다.

발견 당시 옥은 법정 광물로 지정되지 않아 크게 주목받지 않았다고 한다. 하지만 옥의 가치가 알려진 후 1974년 2월 21일부터 본격적으로 광산을 세우고 캐기 시작했다. 1989년에는 가공 판매까지 영역을 넓혀 지금까지 이어져오고 있다. 중국 신강성에서 옥 생산이 중단되어 지금은 춘천에서 나오는 것이 세계 유일한 옥이라는 점에서 의미가 깊다.

옥광산은 약 1,500만㎡ 면적에 광구만 해도 6개에 이른다. 1년에 150톤에서 300톤을 채광하는데, 30만 톤이 매장되어 있다고 하니 앞으로 1,000년 이상 캐도 남을 만큼 풍부하다.

춘천 옥은 양뿐만 아니라 질에 있어서도 훌륭하다. 시중

옥산가 옥을 체험할 수 있는 체험장과 찜질방이 있다.

에 있는 유사옥과는 화학 성분과 원소 성분부터 다르다. 연
옥 중 최고로 치는 유백색을 띠고 있고 다이아몬드보다 강
도가 우수해 날카로운 쇠로 긁거나 어지간한 마찰을 가해도
흠집이 나지 않는다.

세계 최고 품질을 자랑하는 춘천 옥은 90% 이상 중국으
로 수출한다. 이는 옥을 좋아하는 중국 사람들의 엄격한 기
준에도 합격했다는 뜻이기도 하다. 춘천 옥이 뿜어내는 특
유의 오묘한 빛깔을 보면 이유를 알 수 있다.

옥을 느낄 수 있는 공간

옥이 건강에도 도움을 준다는 사실이 알려지면서 옥광산에 사람들이 몰렸다. 이에 따라 옥을 느낄 수 있는 옥동굴체험장과 옥광산찜질방이 마련되었다.

2017년 4월 리모델링한 옥동굴체험장은 150m의 동굴을 지나는 동안 옥의 기운을 마음껏 느껴볼 수 있어 인기다. 갱도 일부를 옥으로 채운 동굴이라 옥이 내뿜는 파장으로 가득하다. 그래서 들어서는 것만으로 몸이 찌릿하거나 간지럽다는 사람도 있다고 한다. 인체에 파장이 들어오면서 세포 조직과 생체리듬에 좋은 영향을 주기 때문이다. 한쪽에서는 큼지막한 옥을 직접 만질 수도 있다. 더 깊이 들어가 월곡갱에 이르면 갱도 모습과 지하 300m에서 채광된 원석이 운반되는 모습까지 볼 수 있다. 다채로운 볼거리 덕분에 매년 50만여 명이 찾는다고 한다.

겨울이면 pH8~8.5 천연 알카리 환원수인 옥정수가 쓰인 옥광산찜질방이 더욱 북적인다. 지하 420m 옥벽 사이에서 만들어지는 옥정수는 미네랄이 풍부하고 흡수가 빠르다고 한다. 피로를 개선해주고 피부에도 좋다고 알려져 있어 피부가 백옥 같다는 비유를 직접 느껴볼 수 있다. 옥정수를

옥동굴체험장 옥동굴체험장은 18도 내외를 유지하여 더운 여름 피서지로도 인기다.

마시는 체험도 가능하다. 옥은 물에 닿으면 정수 작용이 일어나 세균 증식을 막고 음이온과 원적외선을 방출하는 것으로 알려져 있다.

옥산가에서는 목걸이와 반지 같은 장신구는 물론 침대나 장판도 만날 수 있다. 옥 성분을 첨가한 비누, 팩, 미스트, 음료까지 출시되어 일상에서 쉽게 옥을 접할 수 있도록 애쓰고 있다. 1996년에는 옥이불과 옥자기를 개발했고 건축 마감재나 의료기제조에도 활용하고 있다.

밖으로 나오면 장난감박물관과 근대사박물관인 달아실,

3,000㎡ 규모에 다양한 야생화와 사막여우, 미어캣 등을 볼 수 있는 달아실정원도 둘러보길 추천한다. 옥정수와 옥소금을 넣어 만든 빵과 요리도 맛볼 수 있어 한나절을 보내기에 충분하다.

옥빛을 받으며 걷는 길

최근 옥산가 주차장 근처에 80m의 옥길이 만들어졌다. 언제 방문해도 계절을 여과 없이 보여주는 풍경을 따라 걷다 보면 더러 눈부실 때가 있다. 길마다 촘촘하게 박힌 춘천 연옥 원석에 햇빛이 닿아 반사되기 때문이다. 쉽게 만나볼 수 없는 은은한 옥빛에 걸음을 멈추고 눈을 감으면 오래전 옥광산을 찾아오던 엄마에게 닿는다.

엄마 손에는 15만 원이 쥐어져 있었다. 몇 달 동안 모아 온 곗돈이었다. 그 돈은 엄마 말고 아무도 몰랐다. 고기 서너 근쯤은 고민하지 않아도 될 만큼 큰돈으로 엄마는 시간이 지나도 변하지 않을 무언가를 사고 싶었다. 몇 년 지나면 촌스러워지거나 망가져버릴 코트를 사고 싶지 않았고 빚 갚는 데에 보탤 생각도 없었다. 손에 땀이 찰 정도로 주먹을 꽉 쥔 엄마는 신중하지만 망설이지 않는 걸음으로 옥광산에

들어섰다. 몇 번의 망설임 끝에 떨지 않으려고 힘을 주었지
만 그 바람에 더 떨리는 손길로 겨우 목걸이를 샀다.

며칠 지나서야 아버지는 목걸이가 어디서 났냐고 물었다.

"어디서 나긴. 저기 물가에서 주워왔지."

아버지는 피식, 웃곤 더 묻지 않았다. 어린 나처럼 엄마
를 믿었던 건지 아니면 사정을 알면서도 모르는 척했던 것
인지는 알 수 없다. 다만 그 시절 엄마에게도 보석 하나가
있어서 다행이다. 그게 달빛을 닮은 옥이라 더 다행이다.

목걸이는 그 시절 엄마를 찍은 사진에 빠짐없이 등장했
다. 엄마의 생각처럼 목걸이는 그때 그 모습 그대로 남아
있다. 목걸이보다 그걸 보고 있는 엄마의 표정이 더 맑게
빛나고 있는 것도 여전하다. 지금도 춘천이 옥을 품고 있는
것처럼.

20 청평사
천년을 지나온 '섬 속의 절'

춘천 벚꽃명소로 소양강댐 입구나 공지천을 꼽는 이들이 많다. 춘천댐 근처 한국수력원자력 한강수력본부 근처도 많이 알려져 있다. 도심과 다소 떨어져 있지만 북산면 부귀리도 최근 방문객이 늘고 있다.

단풍명소로는 어디가 있을까. 공지천이나 삼악산 쪽으로 기울어질 쯤 슬쩍 목소리를 끼워 넣는다.

"청평사 가는 길 괜찮지 않아요?"

몇몇은 오래전 아껴두었다가 잊은 기억을 떠올린 사람처럼 일순 표정이 밝아진다.

시기를 잘 맞추면 청평사로 들어서는 내내 사방에서 쏟아지는 낙엽에 걸음마저 무뎌진다. 사랑에 상처받고 삶에 지쳐 있다면 이 길에 더 깊이 스며든다. 친구가 텅 빈 표정으로 춘천을 찾았을 때 청평사로 이끌었던 것도 그 때문이었다. 청평사가 친구의 표정을 채워줄 거란 기대도 있었다. 때마침 10월이었다. 춘천엔 가볼만한 곳이 많지만 10월의 춘천이라면 청평사를 빼놓을 수 없었다.

춘천에서 가장 오래된 사찰

청평사에 들어서는 방법은 춘천과 화천 사이 배후령 고개를 넘는 길과 소양호를 통하는 길이 있다. 소양호에서 청평사로 가려면 배를 타고 15분 남짓 들어가야 한다. 그래서 청평사는 서울에서 기차 타고 버스 타고 배까지 타야만 도착할 수 있는 절이다. 그 불편함이 오히려 묘한 매력이 되어 많은 사람들이 찾고 있다.

소양강에 소양호가 생기기 전 청평사 근처에는 많은 사람들이 거주했었다고 한다. 예전 소양강은 물자를 운송하는 중요한 역할을 담당해왔다. 특히 강원도 목재를 한양으로 옮기는 데에 꼭 필요한 강이었다. 주로 뗏목으로 운반했는데 이런 일을 하는 사람을 떼군이나 뗏사공이라고 불렀다. 떼군은 목재를 한양까지 옮기는 보름 동안 크고 작은 위험에 처했다. 그만큼 돈도 많이 벌었다. 쌀 한 말이 1원 5전 하던 시절 인제에서 춘천까지 목재를 운반하면 6원, 춘천에서 서울까지는 35원까지 벌 수 있었다. 여기서 '떼돈 벌었다'나 '떼부자'라는 말이 생겨났다고 한다.

이렇듯 소양강 주변은 번화하면서도 동시에 사고에 대한 걱정으로 들끓었다. 그래서 청평사처럼 안전을 기원하는 사찰이 생겨났다고 보는 입장도 있다.

"그것도 이제 다 옛일이네."

소양호를 가르며 나아가는 배 안에서 친구는 과거에 단단히 사로잡힌 표정이었다. 이제 우리는 더 먼 과거를 떠올릴 차례였다.

1,000년이 넘는 시간을 품은 청평사는 명승 제70호로 춘천에서 가장 오래된 사찰이다. 절터는 강원도 기념물 제55호로 지정되어 있다. 청평사는 고려 광종 24년(973)에 영현선사(永賢禪師)가 세운 백암선원(白巖禪院)으로 시작되었다. 백암선원은 계속 이어지지 못하고 문종 23년(1069) 이의(李顗)가 경운산 풍경에 이끌려 절을 짓고 보현원이라 이름지었다. 이후 지금과 같은 모습을 갖춘 것은 이의의 맏아들 이자현(李資賢)이 머물면서부터였다.

이자현은 고려 순종 1년(1083) 23세의 나이로 과거에 급제했다. 29세에는 대악서승이 되었으나 벼슬을 마다하고 은둔처를 찾았다. 이인로의 『파한집(破閑集)』을 살펴보면 당시 처가 갑작스럽게 죽으면서 인생무상을 느꼈다는 내용을 볼 수 있다. 이쯤에서 당시 이자현의 마음을 가늠해볼 수 있다. 이자현은 왕을 노렸던 사촌 이자겸과는 달리 권력에도 큰 뜻이 없었다고 전해진다.

이자현은 세상을 등지고 숨어 살기에 좋다는 말에 청평산으로 들어왔다. 김정호의 청구도에도 청평산을 이자현이 은거한 산으로 표기하고 있다. 언젠가 친구도 어딘가로 숨어버리고 싶다고 했던 게 떠올랐다. 이자현이 왜 여기 숨었는지 알 것 같다고 한 걸 보면 친구도 기억나는 듯했다.

청평사에 온 이자현은 참선을 위한 암자와 정자를 절 밖에 만들어 규모를 키웠다. 그 과정에서 문수보살의 영향을 받아 선원 이름을 문수원이라 고쳤다. 당시 산에는 호랑이와 도둑이 많았는데 이자현이 들어서면서 모두 사라졌다고 해서, 더럽고 소란스러운 것들이 물러간 맑고 평화로운 산이라는 의미를 담아 경운산도 청평산이라 불렀다.

이자현은 조정에 나오라는 부름을 여러 번 받았지만 끝

내 마다하고 자연에 묻혀 수행에만 몰두했다. 이후 37년 간 청평사에 머물다가 생을 마감했다. 이런 이자현의 공적을 기리기 위해 인종 8년(1130) 청평사에 '문수원기비(文殊院記碑)'가 세워졌다.

그 뒤 청평사는 고려시대 불교를 얘기할 때 빼놓을 수 없는 사찰이 되었다. 읍지에 따르면 고려시대 청평사는 221칸이었다고 하니 그 규모가 얼마나 컸을지 떠올려볼 수 있다.

아홉 가지 소리를 들을 수 있는 폭포

선착장에서 벗어나 울창한 산길에 들어서면 환희령을 넘어 청평사로 가던 옛길을 찾을 수 있다. 일제강점기에 새로 길이 나기 전까지 오랫동안 사람들이 드나들던 길이라고 한다. 근처에는 길을 만들면서 생긴 거북바위가 있다. 4m에 이르는 바위 아래에는 신규선이라는 이름이 있다. 1915년 청평사를 정비하고 청평사의 역사를 기록한 『청평사지』를 편찬한 사람으로 알려져 있다. 거북바위의 시선은 계곡 쪽을 향하고 있다. 예로부터 거북이가 물을 보고 있으면 크게 융성한다는 전설이 전해진다. 이 전설이 청평사까지 닿은 듯하다.

구성폭포 청평사 가는 길에 만날 수 있는 폭포로 아홉 가지 소리를 낸다 하여 구성폭포라고 불린다.

거북바위를 지나 더 들어서면 멀리 구성폭포의 물소리가 들려온다. 구성폭포는 주변에 아홉 그루의 소나무가 있다는 의미로 구송폭포라고도 불린다. 청평사에서 가장 큰 폭포이면서 서면에 있는 삼악산 등선폭포, 남산면 문배 마을 쪽 구곡폭포와 함께 춘천의 3대 폭포로 꼽힌다. 이 8m에 이르는 상폭은 갈수기에만 두 줄기로 흐르고 보통 한 줄기로 흐른다. 근처 너럭바위는 손님을 맞이하는 공간으로도 쓰였다.

마음의 평안을 가져다주는 연못

구성폭포를 지나 청평사로 가는 길은 곧기도 하고 굽이치거나 경사가 지기도 한다. 그래서 꼭 삶을 압축해놓은 것처럼 보인다. 친구는 경사가 급해지거나 굽은 길에 들어설 때마다 그간의 사정을 부려놓았다. 어떤 건 내버려두면 저절로 사라질 문제였고 도저히 어쩔 수 없는 일도 있었다. 나도 그만한 고민이나 어려움을 사이사이 포개놓았다. 어느새 목소리는 나무 사이에 스며들고 물소리에 파묻혔다.

"여기서 쉬었다 가자."

산행이 익숙하지 않아 지칠 쯤 벤치가 보인다. 지치지 않더라도 꼭 앉았다 가야 하는 벤치다. 풍경에 취해 걷다 보면 자칫 놓치게 되는 영지(影池)를 마주할 수 있기 때문이다. 인공 연못인데도 원래 처음부터 산속에 있었던 것처럼 보여 더 놓치기 쉽다.

영지는 부용봉에 있는 견성암이 비치는 연못이라는 뜻이다. 조선시대 김시습은 연못 주변에 주목이 많다 해서 자목당(赭木塘)이라 했고, 보우는 청평사 남쪽에 있다는 의미로 남지(南池)라고 했다. 조선 중기에 이르러 지금처럼 영지로 불렸다.

자연적으로 솟은 샘물과 땅 밑으로 흐르는 복류를 이용해, 상지와 하지로 구성된 쌍지였다가 1986년 복원하면서 하나로 합쳐졌다. 조인영의 『운석유고』에 따르면 영지는 홍수나 가뭄에도 물이 줄거나 늘지 않고 늘 한결같은 모습을 보였다고 하니 진귀하게 느껴지기도 한다. 1981년 진행된 조사에서 영지는 "원형이 그대로 보존되어 있는 전형적인 고려시대의 연못"으로 밝혀졌다. 바닥에서 고려 말 청자편과 조선시대 백자편이 발견되었다니 얼마나 오랜 세월을 지나왔는지 알 수 있다.

네모반듯하지 않고 사다리꼴에 가까운 형태도 주목할 만

청평사의 영지와 주변 풍경 풀숲이 우거져 있고 가을에는 낙엽까지 더해져 시야가 좁지만 영지에는 오봉산이 비친다. 그제야 청평사에서는 오봉산이 두 개가 된다는 의미도, 이자현이 사다리꼴 모양으로 연못을 지은 이유도 이해가 된다.

하다. 남북으로 20m가량 되는데 북쪽은 16m, 남쪽은 12m가 조금 안 된다. 하지만 정면에서 보면 사각형으로 보인다. 이런 현상은 이자현이 계산한 원근법 때문이라고 한다. 주변을 둘러싼 경치와 연못에 비친 모습을 번갈아 보면 의도를 알 수 있다.

멀리 솟아 있는 오봉산과 영지에 비친 오봉산이 함께 있는 풍경은 춘천에서 만날 수 있는 가장 아름다운 풍경 중 하나다. 이 풍경은 아침보다 오후에, 남쪽에서 북쪽을 바라봐야 더 선명하게 느낄 수 있다. 그 자리에서는 누구라도 아름다운 풍경이 사람 마음에 들어가 어떤 변화를 일으키는지 알 수 있다. 김시습은 『매월당시집』을 통해 영지에 비친 견성암봉의 신비로움을 전했고, 보우는 『허응당집(虛應堂集)』에서 연못을 통해 마음의 평안을 얻었다고 했다. 그 신비로움과 평안은 세월이 지난 지금도 여전히 유효해 울퉁불퉁했던 마음을 감싸준다.

우리나라에서 가장 오래된 정원

고려시대에는 송나라의 영향을 받아 민간에서도 정원을 꾸몄다고 한다. 하지만 현재 남아 있는 기록은 없다. 귀족층에서 화려한 정원을 꾸몄다는 이야기도 있지만 아쉽게도 흔적을 찾아보긴 어렵다. 지금까지 흔적이 남아 형태를 가늠해 볼 수 있는 정원 가운데 가장 오래된 것은 청평사 문수원정원이다. 문수원정원은 일본 교토보다 200년이나 앞서 만들어졌다는 데에도 큰 의미가 있다.

　문수원정원은 이자현이 청평사에 머물렀던 1089년부터 1125년 사이 만들어졌다. 이자현이 불도를 닦으면서 견성암, 양신암, 칠성암, 등운암, 복희암, 지장암, 식암, 선동암 등 여덟 개의 암자를 세워 청평사를 넓히면서부터다. 청평사와 가까운 선동교 아래에는 물레방아가 있던 자리가 남아 있고, 영지 근처에서는 정원을 만드는 데에 쓰였던 암석이 발견되기도 했다. 그로부터 멀지 않은 자리에서 이자현이 새긴 것으로 알려진 청평식암(淸平息菴)도 나왔다. 그것으로 구성폭포를 중심으로 꾸며진 서쪽의 중원, 정자와 적석군(積石群)이 있는 동쪽의 동원, 물이 끊이지 않는다고 알려진 수만식(水滿式) 돌정원이 있는 남원을 비롯해 복을 빌었다던 복회암과 인공 석실인 적멸보궁에 이르기까지 정교하게 계획하고 꾸민 정원이라는 것을 알 수 있다고 한다. 문수원정원에는 오랫동안 시인묵객들의 방문이 끊이지 않았다. 조선시대 초기 김시습이 쓴 한시에도 등장했다.

구성폭포부터 오봉산 정상에 이르는 3km에 가까운 거리 9,000여 평 곳곳에 정원이 만들어졌지만 지금은 나무와 풀에 묻혀 쉽게 찾아볼 수 없는 곳이 많아 아쉬움을 남긴다. 지리적 형태를 최대한 활용하면서 자연을 훼손하지 않고 만들어져 더 그럴지도 모르겠다.

회전문에 서린 지독한 사랑 이야기

"회전문이라면서?"

영지를 지나 회전문 앞에 서면 누구라도 의아한 표정을 숨기지 않는다. 보물 제164호인 회전문은 청평사 안에 있는 유일한 국가지정문화재다. 동시에 춘천칠층석탑, 근화동 당간지주와 함께 춘천 불교 3대 보물이라 불린다.

사찰에는 일반적으로 세 개의 문이 있다. 입구에는 일주문이, 중간에는 사천왕문이, 뒤에는 해탈문이 있다. 해탈문은 부처와 중생이, 생과 사가, 만남과 이별이 결국 하나라는 뜻에서 불이문(不二門)이라고도 부른다. 청평사에는 일주문이 따로 없고 해탈문도 청평사 밖 성동계곡 근처에 있다. 한 쌍의 소나무가 일주문을 대신하고 있어 중문인 회전문을 통해 대웅전으로 들어설 수 있는 독특한 구조다.

회전문은 맞배지붕으로 주삼포양식에서 익공계로 변화하는 과정을 엿볼 수 있다고 한다. 안으로 들어서면 문을 중심으로 양옆 공간이 보인다. 그 자리에 사천왕의 조각상을 두거나 그림을 걸었던 것으로 전해지고 있다. 열 개의 기둥 중 내부에 있는 두 개는 문을 달기 위한 것이다. 천장에 가로로 배열한 살대와 향교나 서원에서 찾아볼 수 있는 홍살문이 있는 것도 주목할 만한 특징이다.

친구는 주변을 맴돌면서 왜 회전문인지 고민하는 눈치였다. 나도 친구의 걸음을 따랐다. 회전문이라고 불리는 이유를 윤장대에서 찾기도 한다. 윤장대는 글을 모르거나 시간이 없는 이들을 위해 만들어진 불구(佛具)다. 팔각형 모양의 윤장대는 팽이처럼 돌릴 수 있는데 그 안에는 불경을 넣어둔다. 그래서 윤장대를 돌리는 것은 불경을 읽는다는 뜻이고, 부처가 전하는 진리에 가까이 가는 길이기도 하다. 이 의미가 회전문에 담겨 있다.

또 다른 의미는 설화와 관련되어 있다. 청년은 원나라 공주를 짝사랑했지만 신분 차이로 감히 고백조차 할 수 없었다. 결국 상사병을 앓다 죽어 상사뱀으로 태어났다. 수도하던 스님이 공주를 보려다 첩자라는 누명을 쓰고 뱀이 되었다는 얘기도 있다. 한쪽에서는 공주가 청년을 사랑했다가 왕의 노여움을 사 청년이 죽음에 이르렀다고도 한다.

상사뱀은 공주를 휘감고 떨어질 줄 몰랐다. 죽음을 예감한 공주는 궁을 나와 유람이나 실컷 할 생각으로 돌아다녔다. 스스로 나온 게 아니라 쫓겨났다는 전개도 있다. 그 길에 청평사에 들렀다. 금강산을 찾다 길을 잘못 들어 오봉산에 오는 바람에 들어섰다고도 하고 구법승의 말을 듣고 찾아갔다고도 한다.

굴속에서 하룻밤을 보낸 공주가 회전문 앞에 서자 뱀이 막아섰다. 공주가 타일러 뱀은 청평사를 둘러볼 동안만 떨어져 있기로 했다. 공주는 근처에서 몸을 씻고 안으로 들어섰다. 그때 세상에서 가장 거룩한 옷이라는 가사(袈裟)를 만들었는데 그 과정에서 자신의 사정을 부처에게 알렸다.

청평사에서 나온 공주를 다시 뱀이 휘감으려고 하자 비바람과 벼락이 몰아치면서 물이 불었다. 폭포까지 떠밀려간 뱀은 결국 죽음을 맞이했다. 공주가 이 일을 알리자 순제는 감사의 뜻으로 금을 보내 절을 중창하고 탑을 세웠다.

청평사로 가는 길에 있는 공주굴은 공주가 하룻밤을 지

냈던 굴이고 상사뱀이 밀려갔던 폭포는 구송폭포다. 삼층석
탑이 공주탑으로 불리는 이유도 설화에 있다. 강원도 문화
재 제8호인 공주탑은 고려시대 탑이지만 통일신라시대 양
식을 따랐다. 보통 대웅전 앞에 있는 것과 달리 청평사에서
떨어진 환희령 고개 중간에 있다. 원탑, 공양탑, 비보탑으로
도 불린다. 이 탑은 공주가 다음 생을 기약하며 상사뱀을 위
해 세웠다는 이야기도 있다. 와룡담폭포 아래 와룡담은 공
주탕으로 불린다. 공주가 청평사에 들어서기 전 몸을 씻었

청평사 회전문 실제로 돌아가는 회전문이 아니다. 회전문이라는 이름에 대해 윤장대와
관련이 있다는 설과 윤회전생의 줄임말이라는 설이 있다.

던 곳이기 때문이다. 와룡담은 절구처럼 생겨 구담(臼潭)이라고도 부르는데 박장원은 『구당집』에서 폭포소리를 거문고에 비유하며 아름다움을 전했다.

이쯤에서 친구는 멈췄다. 내내 굳어 있던 표정이 조금씩 유연해졌다.

뱀이 공주를 찾아왔지만 넘지 못한 문, 뱀이 윤회에서 벗어나 해탈했던 문이 회전문이다. 그러니 물리적으로 돌아가는 회전문(回轉門)이 아니라 윤회전생(輪廻轉生)의 줄인 말인 회전문(廻轉門)이다. 회전문 앞 안내판에 따르면 회전문이 중생들에게 깨우치려 했던 윤회전생에 대해 '수레바퀴가 끊임없이 구르는 것과 같이, 생명이 있는 것은 죽어도 다시 태어나 생이 반복된다고 하는 불교사상'이라고 전하고 있다.

청평사에 얽힌 설화는 유독 젊은 연인들이 이 절을 많이 찾는 이유와도 연결된다. 그래서 청평사는 방문객 평균 연령이 가장 낮은 절이라고 한다.

천년의 세월을 지나 도착한 지금, 여기

청평사는 새로운 변화를 준비하고 있다. 1989년 설치된 청평교는 안전진단에서 D등급을 받을 만큼 낡고 위험했지만 곧 신설공사가 마무리될 예정이다. 부용교까지 들어서면 접근이 더 용이해질 것으로 보고 있다. 뿐만 아니라 식당과 카페도 정비에 들어간다. 쉼터와 3,200㎡에 이르는 국민여가 캠핑장도 착공되어 다양한 방식으로 방문객을 맞이할 준비를 하고 있다. 역사문화체험, 오봉산과 소양호를 연결한 프로그램도 계획 중이다. 소양호가 생기면서 육로로 갈 수 있었던 청평사가 배를 타고 들어가는 절이 되었듯 또 다른 변화도 기대해볼 수 있겠다.

소양호 선착장에 선 친구는 얼마간 느긋해진 목소리로 고맙다고 했다. 목소리는 이내 바람을 타고 물결 사이로 흩어졌다. 괜히 멋쩍어진 나는 물결이 일면서 나는 소리에 기대 답했다.

"그래봐야 아무것도 해결된 게 없잖아."

"알고 보면 해결이랄 게 없는 문제였지."

내가 털어놓았던 이야기도 다를 거 없었다. 이어서 나도 고맙다고 했다. 친구는 "뭐가?"라고 되물었지만 말끝을 흐린 채 청평사로 가는 길 쪽으로 시선을 틀었다.

조선시대에 청평사를 중건한 보우는『허응당집(虛應堂集)』에서 청평사를 "산봉우리가 높아 배회하고 골짜기가 푸르고 깊어 평온하다. 진실로 말로 형용할 수 없을 정도이며 참으로 하늘이 만들고 땅이 신비스러움을 지닌 그윽한 지역"이라 했다. 상사뱀과 공주의 사랑, 37년 동안 세상과 떨어져 살면서 만들었던 정원, 천년이 넘는 시간. 청평사를 떠올리며 호흡을 가다듬으니 온몸이 저릿해졌다.

위로해주려 걸었던 길에서 나도 위로받았다. 그래서 청평사로 가는 길은 동행을 위한 길이면서 매번 나를 위한 길이기도 했다. 알고 보면 사랑에 상처받지 않고 삶에 지치지 않은 사람은 없었기 때문이다.

21 후평동 버스 종점
춘천 시내버스의 종점이자 기점

소양호 선착장에서 도심으로 들어오려면 시내버스를 타야 한다. 최근 노선에 변화가 있어 여행자라면 세심한 주의가 필요하다. 2019년 11월, 50여 년 만에 춘천시내버스 노선이 개편되었다. 그동안 인적이 드문 골목이 번화가가 되기도 했고 학교나 기관이 옮겨지거나 아파트 단지가 들어서 이동 경로에도 큰 변화가 생겼기 때문이다. 그 과정에서도 후평동 버스 종점만은 그대로였다.

개편 전까지 강원도에서 승객이 가장 많은 버스는 춘천의 7번 버스였다고 한다. 2015년 대중교통현황조사에 따르면 7번 버스는 하루 평균 5,509명이 이용하는 것으로 나타났다. 후평동을 시작으로 석사동을 거쳐 명동을 지나 터미

널과 퇴계동을 지나가는 버스다. 나도 어느 한 시절 거의 매일 7번 버스를 타고 후평동 버스 종점까지 갔다. 근처를 어슬렁거리다 보면 이따금 버스 안에서 조는 바람에 종점까지 떠밀려온 표정을 엿볼 수 있었다.

춘천의 끝 같았던 버스 종점

학교에 가려면 종점에 내려서도 더 걸어가야 했다. 그 길은 포장도 제대로 되지 않은 흙길이었다. 풀숲으로 둘러싸여 거미줄이 많았고 비라도 내리면 곳곳이 진창이었다. 보도블록이 깔린 길로 갈 수도 있었지만 멀리 돌아가야 했다. 등교 시간이 그만큼 한가할 리 없었다.

나중에 학교 앞까지 가는 버스가 있다는 걸 알았지만 여전히 종점에서 내려서 걸어가는 쪽을 택했다. 사람들이 빽빽하게 들어찬 버스보다 돌아가더라도 한산한 버스가 좋았기 때문이다. 종점에서 학교까지 가는 길 위에서는 무척 중요했던, 하지만 돌이켜보면 쓸모없어 보이거나 하지 않아도 될 고민을 했다. 고민을 이어가다 보면 어딘지 모르게 혼자 춘천 끝까지 떠내려온 느낌이었다.

그때까지 내가 돌아다니던 춘천은 동(洞)지역 뿐이었다.

종점은 후평동 끝에 있었고 학교는 동면 장학리에 있었다. 그동안 나는 춘천의 '리(里)'에 대해 떠올려본 적이 없었다. 그래서 어렸을 땐 딱 종점까지를 춘천이라고 생각했다. 뒤쪽도 행정구역상 춘천이라는 것을 알았지만 생각은 좀처럼 달라지지 않았다. 더는 버스를 타고 갈 수 없는 곳이라는 생각이 경계를 선명하게 만들었다. 그전까지 후평동 버스 종점에 가본 일은 손에 꼽을 정도였다.

아파트 단지와 춘천공업단지

후평동(後坪洞)은 봉의산 뒤쪽 또는 춘천 읍내 뒤쪽 들이라 '뒤뚜르'라 불렀다. 원래는 부내면이었는데 1914년 행정구역 통폐합에 따라 보안리를 병합해 후평리라고 했다. 후평동에 보안사거리가 있는 것도 보안리에서 온 것으로 보인다. 보안은 물을 대는 보(洑) 안쪽이라는 뜻이다. 하지만 한자를 잘못 표기하는 바람에 부안이라고도 불려 지금은 부안이 더 익숙하게 들린다. 부안초등학교나 부안막국수는 이런 과정에서 지어진 이름이다. 『조선지지자료』에는 후평리가 '뒤뜰'로 기록되어 있기도 하다. 1939년에는 일출정이라고 불렀고 1946년 일본식 이름을 바꾸는 과정에서 후평동으로 고쳤다.

현재 인구 5만 명을 앞두고 있는 퇴계동이 강원도 내 읍면동 중 최대라고 하지만 그땐 후평동이 제일 크게 느껴졌다. 춘천 최초로 대단위 아파트 단지가 후평동에 조성되었기 때문이다. 대기업 건설업체가 춘천에 처음 지은 현대아파트도 후평동에 들어섰다.

이후 인구가 늘어 쪼개진 후평3동은 1986년 후평지구택지개발로 과수원과 임야였던 땅을 대규모 아파트 단지로 개

후평동 버스 종점의 현재 모습 버스 종점 뒤로 아파트 단지의 모습이 보인다. 후평동은 춘천에서 최초로 아파트 단지가 조성된 지역이다.

발했다. 당시 후평3동 주거 형태 중 아파트는 82%에 달했다. 지금도 여전히 크고 작은 아파트 단지가 많아 누군가 후평동에 산다고 하면 으레 아파트에 살 거라고 생각한다. 그래서 어릴 땐 후평동에 사는 아이를 괜히 질투하곤 했다. 그때 나는 세탁소에 딸린 단칸방에 살고 있었기 때문이다. 아파트에 안 산다고 하면 뭔가 크게 잘못됐다는 듯이 따져 물었다.

"후평동에 살면서 왜 아파트에 살지 않아?"

후평동에는 아파트 단지뿐만 아니라 1969년 3억 4,000만 원을 들여 조성된 춘천공업단지도 있었다. 소양강댐 건설로 생긴 수몰민의 취업, 소비도시인 춘천의 공업화, 경제 활성화를 위해 조성된 것으로 강원도에서는 원주공업단지와 함께 최초로 들어선 공업단지였다. 단지 안에는 춘천기계공업고등학교와 춘천직업훈련원이 있어 노동력을 구하기 쉬웠고 수력발전소 덕분에 풍부한 전력도 얻을 수 있었다. 게다가 서울─속초 고속도로, 경춘국도 등으로 편리한 교통 환경까지 갖췄다.

춘천공업단지는 식품과 섬유를 비롯한 경공업, 전자, 금속 등 다양한 공장이 들어서면서 1973년에는 지방공업장려

지구로 지정될 만큼 활기를 띠기도 했다. 그 뒤 1997년 기록을 살펴보면 41개 업체가 입주해 1,451명의 종업원이 근무했다고 한다.

1983년에 발간된 『한국의 발견-강원도』는 춘천공업단지를 이렇게 전하고 있다.

주변 농촌의 값싼 노동력을 끌어들여서 이곳의 공업을 크게 일으켜 보려고 춘천시에서 1967년 후평동에 십오만 평을 마련해서 경공업 단지를 만들어 공장을 끌어들이기 시작했다. 이곳에는 1980년까지 자잘한 공장이 스물두 개가 들어섰는데 그중에서 메리야스를 만드는 평안 섬유 주식회사와 라면을 만드는 삼양 식품 주식회사를 빼면 모두 종사원이 백 명도 채 못 되는 규모이고 또 생산품의 양도 적다.[2]

그러니까 어린 나에게 후평동이란 봉의산 뒤에 엇비슷한 모양으로 끊임없이 이어진 주공아파트 단지와 크고 작은 공

---

2 『한국의 발견-강원도』, 뿌리 깊은 나무, 1983.

장이 모여 있는 낯선 동네였다. 그 끝에 경계처럼 종점이 버티고 있었다. 종점까지 갈 일은 없을 거라고 생각했지만 중학생이 되면서 사정은 달라졌다. 버스를 타지 않으면 온의동에 있는 학교도, 퇴계동에 있는 집도 갈 수 없었다.

낯선 골목에서도 빛나던 이름, '춘천'

버스를 타면 내가 알던 춘천이 끝없이 부풀어 올랐다. 버스는 생소한 동네를 여러 번 거쳐 목적지에 다다랐다. 매번 같은 동네였겠지만 시간이나 계절에 따라 혹은 승객들의 표정에 따라 전부 다른 곳처럼 보였다. 그래서 종종 내릴 곳을 지나치거나 반대 방향 버스를 타기도 했다. 몇 번 버스를 타야 하는지만 외우고 정작 어느 방향에서 타는지는 따져보지 않은 탓이었다. 그땐 정류장을 안내해주는 방송도 없었다. 그래서 몇 번쯤은 종점까지 가곤 했다. 이번 정류장에는 좀 익숙한 풍경이 나오겠지, 다음 정류장에는 아는 건물이 하나쯤 보이겠지 하다가 도착한 것이었다.

처음 종점에 내렸을 땐 춘천이 아닌 다른 어딘가에 와 있는 것 같았다. 몇 걸음 내딛자 날카로운 마찰음이 목덜미를 후려쳤다. 해 질 무렵인데도 문을 연 공장이 많았다. 창문이

크고 높아 안에서 무얼 하는지 알아볼 순 없었다. 쿵쾅거리는 소리만 들어서는 적어도 집채만 한 로봇 정도는 만드는 것 같았다. 소음에서 멀어졌다 싶으면 요란하게 돌아가는 환풍기에 온몸이 뒤흔들렸다. 몸집만 한 바퀴를 단 트럭이 일렬로 지나가기도 했다. 멀리 무언가 반짝이는 게 보여서 폭죽놀이라도 하는 줄 알고 쫓아가 보면 용접하던 아저씨가 돌아봤다. 용접 마스크 때문에 얼굴은 보이지 않았고 목소리마저 물크러져서 이내 뒷걸음질 쳐 달아났다.

멀리 떨어져 나와도 매캐한 냄새는 쉽게 가시지 않았다. 고개를 올려보니 굴뚝이 보였다. 어디서든 무언가 계속 돌아가고 있었고 한쪽에서는 끊임없이 연기가 피어올랐다.

"어떻게 된 애가 겁도 없이 공단을 쏘다녔어?"

엄마 말을 듣고 나서야 거기가 춘천공업단지라는 것을 알았다. 엄마는 단단히 혼내야겠다는 생각과 그래도 다치지 않고 돌아와서 다행이라는 생각이 뒤섞였는지 목소리와 다르게 표정은 얼마간 밝았다. 한편으론 멀리서 개가 짖어도 걸음걸이부터 신중해지는 애가 종점 근처를 서성이다 왔다는 게 거짓말 같다고 했다.

"겁나긴. 여기저기 춘천이라고 쓴 간판이 수두룩하던데."

처음 가본 동네였지만 공장 간판마다 춘천이라는 글씨가 크고 작게 들어가 있었다. 검거나 파랗게 혹은 굵거나 가느다랗게 쓰인 춘천을 보니 불안도 떨림도 일순 가라앉았다. 엄마는 원래 고향이란 게 그런 거라고 했다. 그때는 무슨 뜻인지 몰랐지만 나이가 들어가면서 그 의미를 깨닫게 되었다. 처음 가보는 낯선 지역에서 춘천닭갈비 간판을 마주치면 까닭 없이 안심되는 것과 비슷하지 않을까.

낡은 공간에 새롭게 입혀지는 색깔

밤낮없이 소란했던 공단은 어느 순간 물에 잠긴 것처럼 가라앉았다. 비어 있는 건물이 늘었고 녹슨 채 남겨진 기계도 심심찮게 볼 수 있었다. 누군가 꽉 움켜쥔 것처럼 한쪽이 와르르 무너진 벽이나 짓다 만 것 같지만 자세히 보면 반쯤 허물어졌다는 걸 알 수 있는 공장도 보였다. 가끔 그 많던 소음과 연기 그리고 사람들이 모두 어디로 사라졌는지 궁금해지곤 했다.

모교에 선생님을 뵈러 갔던 날, 일찍 도착한 나는 어릴 때처럼 종점 근처를 돌아다녔다. 종점은 그대로였지만 학교까지 가는 길은 말끔하게 포장되어 있었다. 예전에 다녔던 흙길이 보였지만 어렴풋해서 잘 알아볼 수 없었다. 이제는 거미줄 때문에 주저하지 않아도 될 것 같았다. 멀지 않은 자리에 대단지 아파트들이 새로 들어섰고 2012년에는 봉의산 아래에 있던 춘천여자고등학교가 이전했다. 이어서 2015년 장학초등학교가 새로 문을 열기도 했다.

오랫동안 고여 있었던 춘천공업단지도 조금씩 움직이기 시작했다. 2018년 청년친화형 산업단지에 선정되어 낡은 공장이 리모델링되고 편의시설이 새롭게 들어서면서 행복주택도 건설될 계획이라고 했다. 공단 안에 10년 가까이 흉물로 방치되었던 조은담배 부지에는 2023년 한국전력 강원본부가 신축 이전할 예정이다. 춘천시에서 추진하는 재생사업도 이어져 다시 활기가 더해질 모양이다. 장학지구는 벌써부터 춘천 동부지역 신주거지로 주목받고 있다.

이제 나는 후평동 버스 종점을 춘천의 끝이라고는 생각하지 않았다. 버스를 잘못 타서 세 번째쯤 종점까지 갔을 때 엄마가 전해준 목소리 덕분이었다. 엄마는 살다 보면 고작 버스를 잘못 타는 것쯤은 별거 아니라는 듯한 말투로 말했다.

"걱정할 거 하나 없어. 종점에서 내려서 그대로 7번 버스를 타면 돼."

그러자 종점은 끝이 아니라 시작일 수도 있겠다는 생각
이 들었다.

　가끔 마지막이라는 생각에 매몰돼 그게 시작일 수도 있
다는 것을 놓쳐왔다. 후평동 버스 종점에서 내려 모교로 향
하면서 열일곱이나 열아홉처럼 그동안 미뤄왔던 고민을 떠
올렸다. 종점은 동시에 기점이 될 수도 있다는 단순한 생각
이 너무 늦지 않기를 바랐다.

22 봉의산
춘천 도심 어디서나 볼 수 있는 산

처음 후평동 버스 종점까지 떠밀려갔던 날 길까지 잃었다.
한참 헤매던 나는 겨우 공중전화박스를 찾았다. 다행히 동
전이 남아 있었고 집 전화번호도 어렵지 않게 떠올랐다. 하
지만 어디냐고 묻는 목소리에 마땅한 대답이 떠오르지 않았
다. 아무리 두리번거려도 익숙한 풍경은 보이지 않았다. 어
느 순간 종점은 멀리 물러났고 지나가는 사람마저 다른 행
성에서 건너온 외계인 같았다. 엄마는 아무거나 보이는 걸
얘기하라고 했지만 눈앞은 뿌옇기만 했다. 순간 동전 떨어
지는 소리가 묵직하게 울렸다. 그 소리에 공중전화박스가
주저앉을 것 같았다.

엄마의 목소리는 가느다랗게 떨렸다.

"봉의산! 봉의산은 보이지?"

고개를 들자 비죽 솟아오른 봉의산 끄트머리가 보였다. 싱싱한 초록이 선명하게 빛났다. 그제야 들뛰던 마음이 잠잠해졌다.

"응, 보여."

"그럼 됐어."

집에서 보이던 봉의산이 공중전화박스 안에서도 보였으니 멀지 않은 곳에 집이 있을 거라는 확신이 들었다. 봉의산은 학교나 명동에서도 보여 어떨 땐 갇혀 있는 듯한 느낌이 들기도 했다. 배를 타고 호수를 건너도 어렴풋하게 보였다. 그래서 춘천을 벗어난다는 건 봉의산이 보이지 않는다는 것과 같았다.

어디서나 보이는 춘천의 진산

대룡산 줄기에서 뻗어나온 봉의산은 춘천 도심 어디서나 볼 수 있다. 그래서 계절을 짐작할 때 달력이 아닌 봉의산으로 시선을 돌리는 이들도 많다. 푸른색이 소용돌이치기 시작하거나 가장자리부터 조금씩 붉어지고 꼭대기가 희끗희끗한 것만으로도 절기를 가늠해볼 수 있기 때문이다. 그것은 일

기예보에서 전해주는 딱딱한 숫자보다 깊이 닿는 풍광이다. 어디서든 계절을 전해주는 봉의산은 춘천의 시간을 더 많은 빛깔로 물들였다.

춘천에서 교가에 봉의산이 들어가지 않는 학교는 드물었다. 내가 다녔던 학교 교가도 '봉의산 푸른 정기 맑은 소양강'으로 시작했다. 2019년 11월 18일, 춘천시민의 날에 공개된 춘천 상징 노래에도 '봉의산 푸른 정기 품고서'라는 가사가 있다.

미세먼지가 심해져도 무덤덤하던 사람들은 미세먼지로 봉의산이 보이지 않는다는 소식에는 호들갑을 떨곤 했다. 마치 춘천에 봉의산이 없어지면 큰일이라도 날 것처럼.

봉의산은 춘천의 진산(鎭山)이다. 진산은 각 고을에서 주산으로 정하고 제사를 지내던 산이다. 분지 안쪽에 들어앉은 춘천은 높이 301.5m의 봉의산을 중심으로 주변에 높고 낮은 산들에 둘러싸인 지형이다. 봉의산 정상에 오르면 북쪽으로 북한강과 소양강을 볼 수 있고 시선을 틀면 북배산도 보인다. 동쪽에는 대룡산이, 남쪽과 서쪽에는 각각 구절산과 삼악산이 자리 잡고 있다. 그래서 예전에 어느 외국 선교사는 춘천의 모습을 꽃에 비유하기도 했다고 한다. 봉의

의암호에서 바라본 봉의산 춘천 사람들은 계절을 짐작할 때 달력을 보는 대신 봉의산으로 시선을 돌린다. 계절에 따라 옷을 갈아입는 봉의산은 도심 어디서나 볼 수 있다.

산을 꽃술로 보고 주변에 늘어선 산을 꽃잎으로 본 것이었다. 그리고 보면 춘천은 한 송이 꽃 안에 폭 안겨 있는 듯한 모습이다.

방어사 겸 춘천부사로 재직했던 엄황이 1948년 완성한 『춘주지(春州誌)』는 봉의산을 두고 "산을 올라가 그 꼭대기를 바라보면, 바람이 나부끼면서 선계에 오르는 듯하며 앞이 탁 트여 막힘이 없다. 푸른 산 빛에 병풍이 둘러쳐진 듯 잇따라 뻗어서 두르고 안았으며 (…) 한 주의 뛰어난 경관이 모두 이곳에 모였다"고 기록했다. 봉의산에 오르면 나를 중심으로 빙 둘러앉은 경치를 볼 수 있다. 어느 쪽으로 시선을 돌려도 수려하기만 하다.

봉의산에 오르는 일은 어렵지 않다. 근처 고등학교 학생들은 이따금 봉의산에 오르는 것으로 체육 시간을 대신할 정도였다. 노인과 아이들도 즐겨 찾을 만큼 정상까지 오랜 시간이 걸리지 않고 크게 가파르지도 않다. 하지만 봉의산이 품고 있는 시간과 의미는 제법 험준하다. 시간을 거슬러 오르려면 이름부터 살펴볼 필요가 있다.

봉황이 내려앉은 강원도의 중심

봉의산은 봉황래의(鳳凰來儀)를 축약한 말로 봉황이 날아와 춤춘다는 뜻이다. 단순히 모양 때문만은 아니라고 한다. 강원도청과 춘천에서 가장 오래된 호텔인 세종호텔 자리까지 걸쳐 있었던 춘천이궁(離宮)과 문소각(聞韶閣)에 더 깊은 이야기가 담겨 있다.

중국 전설 속 성군인 순임금은 백성들이 임금이 누군지도 모르고 배불리 먹고살 만큼 태평성대를 이루었다고 전해진다. 순임금은 궁중에서 소(韶)라는 음악을 만들어 연주했다. 아홉 장으로 이루어진 음악은 공자가 석 달 동안 고기 맛을 잊을 정도였다. 더할 수 없이 아름답고 선했기 때문이다. 어떤 음악이었기에 고기 맛까지 잊었을까.

중국 사마천이 쓴 『사기』에서 '수레가 빨리 달릴 때는 순임금의 음악 선율에 맞춘다'고 기록한 것으로 미루어 보면 빠른 음악이었을 것으로 추정해볼 수 있다. 이 '소'를 아홉 번 연주하면 새가 날아와 춤추었다고 한다. 이 새가 봉황이다. 상상 속 신성한 동물인 봉황은 태평성대를 상징한다. 어진 임금 덕에 백성이 편안하면 날아오는 길조였기 때문이다.

'문소각'은 '소'를 듣는다는 뜻으로 1964년 춘천부사로 있

278

던 엄황(嚴愰)이 1948년 봉의산 아래에 지었다. 1750년대에는 14칸이었다가 1869년 춘천부사 김병욱이 24칸으로 확장했다. 김득신(金得臣)의 『수춘문소각서(壽春聞韶閣序)』에 따르면 문소각에는 임진왜란과 정묘호란으로 황폐해진 나라에 다시 봉황이 찾아와 태평성대를 이루길 바라는 마음이 담겨있다.

조선 후기 고종은 신미양요와 갑신정변으로 불안했다. 그 과정에서 유사시 피난처로 춘천을 마음에 두었다. 춘천은 강산이 어우러져 있어서 천연 요새 지형이었기 때문이다. 그래서 1888년 고종 25년 춘천 도호부를 유수부(留守府)로 승격시켰다. 1890년에는 왕명에 따라 춘천부사였던 민두호가 문소각을 중심으로 춘천이궁을 만들었다. 이때부터 문소각은 춘천이궁이 되었다. 이궁은 유사시 임금이 피신해 임시로 머무는 궁으로 창덕궁과 창경궁이 이에 속한다. 춘천이궁은 춘천으로 자원과 정보가 모이는 발판을 마련했다.

1896년 13도제로 개혁되면서 춘천관찰부는 강원도 26개 군현을 관할하는 강원도관찰부로 승격되었다. 이때 감영이 설치되면서 춘천은 강원도 수부(首府)가 되었다. 학계에서는 춘천이 강원도의 중심이 된 이유를 여기서 찾는다.

한일 강제병합 이후 일본은 춘천이궁에 신사를 건립하기도 했다. 춘천이궁에서 임금의 침소였던 문소각은 1916년 화재로 소실되었다가 중건되었고 다시 1940년 화재로 소실되었다가 한국전쟁으로 완전히 사라졌다. 그나마 조양루(朝陽樓)와 위봉문(威鳳門)이 남아 그 흔적을 보여주고 있다.

1971년 강원도 유형문화재 제1호로 지정된 위봉문은 강원도 영서지방에 남아 있는 유일한 관아의 내삼문으로 위엄있는 봉황이라는 뜻이다. 문소각을 지을 때 조양루와 함께 만든 것으로 알려져 있다. 정면 3칸, 측면 2칸의 맞배지붕으로 내삼문의 전형적인 솟을대문 양식을 온전히 갖추고 있다. 1955년 강원도청을 신축하면서 근처 세종호텔 입구 쪽으로 이전했다가 1972년 강원도청 앞으로 옮겼다.

문소각이 춘천이궁이 되면서 조양루는 아래에 문을 내고 위에 누를 지어 사방을 살폈던 문루(門樓)로 쓰였다. 누각 아래 삼문을 낸 것이 전형적인 문루의 모습이었다. 이후 일제강점기였던 1938년 우두산으로 이전했다가 한국전쟁 때 파손되어 1969년 수리했다. 이후 위봉문과 같은 해에 강원도 유형문화재 제2호로 지정되었다. 조양(朝陽)은 아침 햇살이 드는 시간대를 뜻하는데 봉황이 대나무 열매를 먹는 때라고

조양루 고종이 유사시 피신하여 임시로 머물기 위해 만든 춘천이궁의 흔적을 살필 수 있는 곳으로 '아침 햇살이 드는 루'라는 뜻을 가지고 있다.

한다. 그래서 조양동에는 아침이라는 이름을 가진 길이 있다.

2013년 위봉문과 조양루는 강원도청 안 원래 자리로 돌아왔다. 강원도가 2011년부터 문화재제자리찾기사업을 추진한 결과였다. 오랜 시간 여기저기 떠돌다 75년 만에 자기 자리를 찾아 복원된 셈이다.

최근 춘천이궁 복원을 통해 춘천의 역사적 의미를 되찾자는 움직임이 활발하다. 2019년 2월 강원도와 춘천역사문화연구소 주관으로 춘천이궁을 주제로 한 세미나가 열리기도 했다. 같은 달 18일에는 일제에 의해 사라진 춘천이궁을 되새기는 사진전까지 열리면서 어느 때보다 관심이 뜨거웠다. 하지만 춘천이궁이 있던 자리에는 현재 강원도청과 세종호텔이 있어 복원에는 어려움이 따를 것으로 보인다. 그래서 문소각만이라도 복원하거나 재현하는 쪽도 함께 고려되고 있다. 어떤 방향이든 온전한 역사를 기억하자는 뜻은 한결같다.

보이지 않아도 늘 그 자리에 있는 산

그동안 춘천시는 봉의산의 예전 모습을 찾기 위해 부단히 노력했다. 1968년부터 1990년까지는 주한미군이 설치한 반사판, 통신 건물, 통신 장비, 방송 중계탑을, 2014년에는 폐건축물까지 철거했다. 이어서 봉의산 비탈마을은 도시재생 뉴딜사업을 통해 새롭게 단장될 예정이다. 빈집과 노후 주택을 정비하고 골목길에는 주민들을 위한 공간을 조성할 계획이다.

어린 나는 어디서나 보였던 봉의산 덕분에 길을 잃어도 겁먹지 않고 방향을 찾을 수 있었다. 나중엔 봉의산 모양만 봐도 여기가 어디쯤인지 헤아릴 수 있었다. 후평동에서 보는 봉의산과 중앙로에서 보는 봉의산은 달랐기 때문이다.

요즘에는 봉의산이 잘 보이지 않을 때가 많다. 미세먼지가 심하거나 높은 건물이 들어선 탓이다. 이제는 낯선 동네에서 봉의산이 보이지 않아도 겁먹지 않는다. 그저 성인이 되었기 때문만은 아니다. 보이지 않아도 봉의산은 언제나 그 자리에 있다는 것을 알고 있기 때문이다. 예전에는 어딜 가나 봉의산이 보여 갇혀 있는 것 같았다. 하지만 언제부턴가 봉의산에 안겨 있는 듯한 기분이 들었다.

23 춘천혈거유지

신석기시대 한 가족이 살았던 동굴

봉의산 곳곳에 새겨진 시간은 깊다. 그 시간은 아픔과 고통
의 기록이기도 하다. 시간을 따라가다 보면 나뭇잎 하나에
도 시선이 오래 머문다.

1962년 성심여자대학교(현 한림대학교) 신축공사 중 봉의
산에서 우연히 동굴이 발견되었다. 동굴은 우리를 신석기시
대 춘천으로 안내했다.

신석기시대 춘천 땅 사람들

봉의산 중턱 동쪽 기슭에 있는 춘천혈거유지는 1971년 12
월 16일 강원도기념물 1호로 지정됐다. 혈거유지란 인류가
동굴에 살며 분묘나 성소로 이용한 유적이다. 건축기술이

발달하지 못했던 구석기시대에 인류가 이용했던 동굴은 인류의 생활과 역사를 알아볼 수 있는 중요한 자료다. 중석기에 이르러 인류는 동굴을 직접 만들어 주거뿐만 아니라 신전이나 사원으로도 활용했다고 알려져 있다.

그중 춘천혈거유지는 한국의 대표적인 혈거유지다. 신석기시대 한 가족이 생활하던 인공동굴로 출입구는 남쪽에 있다. 겨울 해는 동남쪽에서 떠 서남쪽으로 지기 때문에 햇빛을 받기에 유리했을 것이다. 서쪽에는 저장고로 추정되는 자리도 있다.

발견 당시 사람 뼈가 고운 흙에 덮여 있었다. 세 사람은 발을 중심에 두고 각각 동쪽과 서쪽, 남쪽으로 누워 있었고 그중 2구는 입구를 보고 있었다고 한다. 이유가 밝혀지진 않았지만 주거지를 무덤으로 썼던 것으로 추측된다. 이는 신석기시대 동굴무덤 유적 중 유일한 것으로 알려져 있다. 뼈 밑에 있던 흙을 걷어내자 9~13cm 정도의 토기 5점을 비롯해 돌도끼와 돌화살촉을 비롯한 낚싯바늘, 돌칼날, 돌방망이, 원통형 구슬, 수정 조각 등 수많은 유물이 출토되었다. 천장에는 연기에 그을린 흔적도 있다. 불을 피운 것으로 보아 신석기 전기 유적으로 추정하고 있다. 나아가 오래

춘천혈거유지의 입구(좌)와 내부(우)의 모습 춘천혈거유지는 직경 4m 크기의 원형으로 반원형 천장의 가장 높은 곳의 높이는 2.1m다. 이 크기를 바탕으로 4~6명이 함께 살았던 공간으로 추정되고 있다.

전 봉의산, 대룡산, 삼악산 등에서 짐승을 사냥했고 소양강에서는 물고기를 잡았다는 것도 알 수 있었다.

신석기시대부터 봉의산에 사람이 살았다고 하니 그저 계절을 짐작하려 산을 올려다보던 시선이 사뭇 웅숭깊어진다. 깊어진 시선은 산을 오르는 걸음마저 진중하게 만든다. 수천 년 전 누군가의 걸음을 따르는 것일지도 모르기 때문이다.

봉의산에는 그동안 얼마나 많은 발자국이 겹쳐졌을까. 그중 가장 아픈 발자국은 봉의산성쯤이다.

잦은 침입으로부터 춘천을 지켜준 봉의산성

춘천은 외부로부터 침입이 잦았다. 고려시대에는 거란족과 몽고군을, 임진왜란 때는 왜군을, 한국전쟁 때는 북한군을 마주하며 싸워야했다. 『고려사절요』에는 1217년 거란의 침입이, 『고려사』에는 1253년 몽고의 침략이 기록되어 있다.

몽고는 30년 동안 무려 일곱 차례나 고려를 침략했다. 그 중 다섯 번째 침입에서 가장 치열한 싸움이 있었다. 이때 안찰사 박천기와 관민들은 장기전을 펼쳤다고 한다. 이들은 식량과 식수 부족으로 어려움을 겪었다. 소와 말을 잡아 얻은 피로 식수를 대신하기까지 했지만 보름간 사투 끝에 적에게 함락되었다. 이 과정에서 결사대 900명 전원이 순절했다. 봉의산순의비에는 끝까지 생존했던 관민도 적에게 굴하여 욕되게 사느니 차라리 깨끗이 대의에 순하고자 가족과 함께 자결하였다고 적혀 있다. 당시 서울에서 벼슬살이를 하던 박항이 소식을 듣고 내려와 부모의 시신을 찾았지만 얼굴을 알아볼 수 없었다. 결국 부모와 비슷해 보이는 시신 300여 구를 수습해 장례를 치르기도 했다. 그 중심에 오랫동안 춘천을 지켜준 봉의산성이 있다.

1979년 5월 30일 강원도 기념물 제26호로 지정된 봉의산성은 둘레가 2463척이고 높이가 10척이라고 기록돼 있다. 실측 결과 길이는 1241.5m, 높이는 5~6m 내외인 것으로 밝혀지기도 했다. 봉의산성은 계곡과 산을 두르고 있는 전형적인 포곡식산성으로 위로 올라가면서 길쭉한 할석을 점점 줄여나가는 '물림쌓기기법'을 썼다고 한다. 『고려사절요』 15권과 『고려사』에 '고려시대에 거란 및 몽고와 전쟁을 겪는 동안 봉의산성에서 수차례나 전쟁을 치렀다'는 기록이 있어 늦어도 고려 중기 이전에 만들어졌을 것으로 추측한다. 통일신라시대 유물이 대량 출토되기도 해서 그 시대에 지어진 것으로도 보지만 정확한 연대는 알 수 없다고 한다.

수많은 세월과 그사이 이어진 전투만큼이나 성벽 훼손이 심해 남아 있는 성벽 중 보존이 잘 되어 있는 것은 19m 정도였다. 현재는 복원 작업을 통해 170m까지 복원되었다.

켜켜이 쌓인 아픔에 대한 빼곡한 기록

1983년 세워진 봉의산순의비는 춘천을 지키다 희생된 수많은 선조들의 넋을 기린다. 최승순 강원대 교수가 지은 비문은 첫 문장부터 먹먹하다. '춘천의 진산인 봉의산은 이 고장의 영고를 함께한 우리들의 표상으로 그 갈피마다 역사의 자취가 서려 있다'는 문장 사이 빼곡하게 박힌 아픔 때문이다.

봉의산순의비를 등지고 서면 춘천 도심을 볼 수 있다. 계절과 시간에 따라 다른 색으로 선연한 풍경 앞에 누구라도 숙연해지기 마련이다.

서울대학교 규장각에 있는 춘천부 지도에는 1872년의 춘천이 담겨 있다. 지금과는 사뭇 달라 낯설지만 여전히 변하지 않는 이름도 있다. 그중 하나가 봉의산이다. 10년이면 강산도 변한다지만 봉의산은 오랜 세월 묵묵히 자리를 지키고 있다. 춘천이 춘천으로 불리기 전부터, 어쩌면 우리가 다

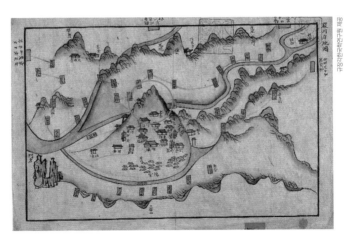

춘천부 지도 속 봉의산 1872년에 제작된 춘천부 지도에서 오랜 세월 춘천을 지켜온 봉의산의 모습을 확인할 수 있다.

기억하지 못하는 시간부터 지금까지.

수천 년 전 인류도 어디선가 고개를 들어 봉의산을 바라봤을 거라는 생각을 하면 마음 한쪽이 말랑말랑해지는 것 같다. 그때도 봉의산을 보면서 위치나 계절을 짐작했을까. 우리는 가늠할 수 없는 거대한 시간을 살아가고 살아내다가 때론 겨우 견뎌보기도 한다. 아득하기만 해서 닿을 수 없을 것 같은 시간은 봉의산성과 춘천혈거유지를 보면 얼마간 환하고 선명해진다.

오랜만에 다시 한번 봉의산에 올랐다. 그사이 켜켜이 쌓인 시간 위로 나의 시간도 한 겹쯤 포개놓았다.

24 김유정 문학촌
마을 전체가 소설의 배경이 되다

서울에서 전철을 타고 춘천으로 오는 길에 특별한 이름을 만날 수 있다. 마을 도처에 퍼져 있는 이름은 이 마을에서 태어난 '김유정'이다. 2013년 7월 24일 신동우체국은 김유정우체국으로 바뀌었다. 우리나라 역사상 유명인 이름을 단 최초의 우체국이라고 한다. 근처 동춘천농협은 '김유정지점'이고 도로명주소도 '김유정로'다. 동백꽃이나 봄봄, 점순이라는 이름을 달고 있는 가게나 기관도 많다.

마을버스 봄봄과 김유정역
시내버스 노선이 개편되면서 읍면지역 사람들의 불편을 최소화하기 위해 춘천 최초로 마을버스가 생겼다. 마을버스 이름은 춘천시민 소통 플랫폼인 '봄의 대화'를 통해 결정되었다. 독창성과 친근성, 상징성을 기준으로 후보를 심사한 결과 '봄봄'이 선정되었다. 「봄봄」은 우리에게 친숙한 김유정 소설이기도 하다.

앞서 김유정역을 통해 김유정을 향한 애정이 드러나기도 했다. 김유정역은 한국철도 역사상 처음으로 역명에 사람 이름이 쓰인 역이다. 한국철도공사와 수도권 전철역 가운데 유일하게 역명판과 행선판이 궁서체로 쓰인 역이기도 하다. 그래서인지 경춘선 전철 안에서 다음 역이 김유정역이라는 안내방송이 나오면 몇몇 승객들은 고개를 갸우뚱한다. 진짜 소설가 김유정을 의미하는 게 맞는지 묻는 이도 있다.

처음부터 김유정역이었던 건 아니다. 1937년 7월 25일 경춘선이 개통되었을 땐 신동면의 예전 이름인 신남면에서 따온 신남역이었다. '신남'은 일제강점기 때 '새로운 남쪽의 춘천'을 의미했던 말이라고 한다. 구 역사 안에 있는 철도원 모형의 가슴에 '나신남'이라는 이름표가 있는 것도 그 때문이다. 신남역은 1996년 드라마 '간이역'의 주요 배경이기도 했다. 드라마를 통해 아기자기하고 정이 넘치던 역의 모습을 볼 수 있었다.

2004년 12월 1일부터 신남역은 김유정역이 되었다. 이후 2010년 경춘선이 복선 전철로 바뀌는 과정에서도 자리만 옮겼을 뿐 김유정이라는 이름은 그대로였다. 전철이 들어서면서 사라진 과거 춘천역이나 남춘천역과 달리 예전 김유정역은 준철도기념물로 지정되어 보존되어 있다. 기존 무궁화호 열차 중 두 량은 예전 김유정역에 남아 관광안내소와 관광객들의 쉼터로 쓰이고 있다. 안쪽에 들어서면 과거 기차 내부를 그대로 볼 수 있다. 더 좋고 새로운 것이 생겼을 때 이전에 쓰던 것을 폐기하지 않고 활용하는 다정한 마음도 엿볼 수 있다.

과거 김유정역 예전에는 통일호와 무궁화호가 김유정역으로 사람들을 실어 날랐다. 지금은 근처에 새로 생긴 김유정역에 ITX-청춘열차와 경춘선 전철이 다닌다. 현재 ITX-청춘열차는 정차하지 않아 전철만 이용할 수 있다.

김유정 문학촌이 들어서기까지

김유정역으로 바뀌는 과정에 공감대를 형성했던 것은 근처 김유정 문학촌 덕분이다. 김유정 문학촌은 생가를 넘어 마을과 소설의 밀접한 관계를 보여준다.

2000년 가을 나는 김유정 생가로 향했다. 김유정 백일장에 참가하기 위해서였다. 도착해보니 여느 시골 마을과 다를 바 없었다. 몇몇은 시시하다며 툴툴거렸다. 글을 쓸 만한 장소마저 마땅찮았다. 그래도 문장을 쓸 때마다 찌릿했다. 어쩌면 이 자리가 김유정이 소설을 쓰거나 구상했던 자리일지도 몰랐기 때문이다. 문예창작과에 입학한 후 몇 년쯤 지나 그곳을 다시 찾은 적이 있었다. 계속 글을 쓰는 게 좋을지 고민하던 때였다. 한참 헤맸지만 결국 예전에 글을 썼던 자리는 찾지 못했다. 김유정 생가는 김유정 문학촌이 되어 있었다.

김유정 문학촌은 2002년 8월 김유정기념사업회가 설립했다. 문학촌 내 김유정 생가는 중부지방에서는 보기 힘든 'ㅁ'자 가옥으로 안방과 대청마루, 사랑방, 봉당, 부엌 등으로 구성되어 있다. 조카 김영수 씨와 마을주민들, 금병의숙 제자들의 고증을 바탕으로 복원되었다고 전해진다. 기와집골격에 초가를 얹은 독특한 모습에는 가난한 이들을 위한 배려가 담겨 있다. 뒤란에 있는 굴뚝이 낮은 것도 끼니를 거르는 이들을 위한 마음이라고 한다.

생가 근처에는 김유정 동상이 있다. 1994년 3월 문화체육부가 이달의 문화인물로 선정한 것을 기념해 같은 해 10월 세운 것이다. 원래 춘천문화예술회관에 있던 것을 개관에 맞춰 김유정 문학촌으로 이전했다. 옆에는 작품집, 연구 자료, 소설이 발표된 잡지 등이 있는 김유정기념전시관이 있다. 전시관을 둘러보면 김유정 생애의 중요한 장면을 놓치지 않고 마주할 수 있다.

생가와 조금 떨어진 김유정이야기집에서는 전시뿐 아니라 영상물을 통해 소설을 듣고 체험할 수 있다. 이 밖에 정기적으로 김유정 소설을 바탕으로 한 오페라, 연극, 판소리를 볼 수 있는 야외공연장, 민속공예체험방, 해발 652m에 이르는 금병산까지 8만 평 마을이 모두 김유정 문학촌이다. 마을 안에서 우리는 소설을 만날 수 있는 거의 모든 방식을 접할 수 있다.

개관 첫해 3만 5,000여 명이 방문한 이후 2015년에 90만 명을 넘기고 지금은 한 해 방문객이 100만 명에 이른다. 다른 문학관과 비교해봤을 때 월등히 많은 수치라고 한다.

그런데 왜 김유정 문학관이 아니라 김유정 문학촌일까? 마을 곳곳이 김유정 소설의 배경이기 때문이다. 그래서 하나의 공간으로 제한하는 문학관보다 마을 전체를 아우르는 문학촌이 어울렸을 것이다. 아쉽게도 문학촌에는 김유정의 유품이 거의 남아 있지 않다. 스물아홉 젊은 나이에 요절한 탓도 있지만 친구 안회남이 한국전쟁 때 유품을 모두 가지고 월북하는 바람에 후손들은 물론 김유정기념사업회도 찾을 수 없었다고 전해진다. 하지만 2018년 유용태 강원고미술회 고문을 통해 김유정의 유품이 기증되기도 했다. 친구였던 김학수가 1936년 1월에 김유정에게 보낸 엽서였다. 이를 통해 김유정을 되새겨볼 기회가 마련되었다.

실레마을에서 시작된 이야기

김유정 문학촌이 있는 실레마을의 '실레'는 시루를 뜻하는 강원도 사투리다. 금병산으로 둘러싸인 마을이 마치 떡시루 같다고 해서 붙여진 이름이다. 주소인 '증리'도 시루를 뜻하는 증(甑)을 쓴다. 이는 김유정의 수필 「오월의 골짜기」에서도 찾아볼 수 있다.

"나의 고향은 저 강원도 산골이다. 춘천읍에서 한 이십 리 가량 산을 끼고 꼬불꼬불 돌아 들어가면 내닫는 조그마한 마을이다. 앞뒤 좌우에 굵직굵직한 산들이 빽 둘러섰고 그 속에 묻힌 아늑한 마을이다. 그 산에 묻힌 모양이 마치 옴 팍한 떡시루 같다 하여 동명을 '실레'라 부른다. (…) 산천의 풍경으로 따지면 하나 흠잡을 데 없는 귀여운 전원이다." [3]

문장마다 고향에 대한 진한 애정을 느낄 수 있다. 이어서 "주위가 이렇게 시적이니만치 그들의 생활도 어디인가 시적 이다"는 문장에서 고향 사람들에게도 관심이 깊었다는 것을 알 수 있다.

김유정 소설 30여 편 중 「봄봄」, 「동백꽃」, 「산골나그네」, 「금 따는 콩밭」, 「만무방」 등 12편의 배경이 실레마을이다. 마을 사람들은 그대로 소설이 됐다. 한자를 쓰지 않고 비어, 속어, 토속어, 사투리를 날 것 그대로 담아 생동감 넘치게 표현하고, 가공되지 않은 농촌 현실을 생생하게 그릴 수 있 던 건 이 때문일 것이다.

---

3 『김유정 전집(하)』, 김유정기념사업회, 1994.

단풍이 들면 비단을 병풍처럼 둘러친 것 같다는 뜻의 금병산은 「동백꽃」의 배경이 되었다. 지금도 실레마을에서 동백꽃을 볼 수 있지만 모르고 지나치는 이들도 많다. 소설 속 동백은 흔히 떠올리는 남해안의 붉은 꽃이 아니라 생강나무 꽃이다. 강원도에서는 생강나무를 동박나무 혹은 개동백으로 불러 꽃 이름도 동박꽃, 동백꽃이라 부른다. '소양강 처녀' 가사에 나오는 동백꽃도 생강나무 꽃이다. 소설에도 '알싸한 그리고 향긋한 그 내음새'와 '노란 동백꽃'으로 표현되

소설 「봄봄」의 등장인물 동상 김봉필은 욕필이영감으로 불리던 실레마을의 실존 인물이다. 금병산 산림감시원이었던 욕필이영감은 딸만 여럿이라 데릴사위를 집에 들여 부려먹었다고 전해진다. 술에 취해 백두고개를 넘던 김유정이 점순이와 맺어주지 않아 장인과 다투던 데릴사위를 보고 쓴 소설이 「봄봄」이다.

고 있다.

「만무방」에서 응칠이가 화투를 치던 노름터와 「솥」의 배경인 주막도 그대로다. 근처 팔미천에서 목욕을 하고 돌아오던 김유정은 종종 덕돌네 주막에 들렀다고 한다. 코다리찌개를 안주 삼아 술을 마시며 덕돌어멈에게 들은 이야기는 주막에 며칠 묵다 도망친 들병이를 만들었고 「산골나그네」로 이어졌다. 같은 소설에 실레마을 물레방아 터도 등장한다.

실레마을에는 마을이 이야기가 된 과정을 살펴볼 수 있는 '실레이야기길'도 조성되어 있다. '점순이가 나를 꼬시던 동백숲길', '근식이가 자기 집 솥 훔치던 한숨길', '덕돌이가 장가가던 신바람길'을 비롯한 열여섯 마당의 길이다. 길을 걷다 보면 김유정과 소설 속 인물을 만나 소설 안으로 성큼 들어설 수 있다. 이야기를 따라가듯 걸음을 이으면 어느새 소설이 허구라는 것도 잊게 된다.

실레마을에는 고향으로 내려온 김유정이 세우고 운영했던 야학인 '금병의숙' 터도 남아 있다. 현재는 마을회관이 자리 잡고 있다. 거기서 김유정이 심었다는 느티나무와 소설가 김동리가 비문을 쓴 김유정기적비도 만나볼 수 있다.

김유정이 생을 마감한 다음 해인 1938년 삼문사에서 김유정 단편집『동백꽃』이 출간되었다. 그로부터 1년 후 1939년 7월 경춘선이 생겼고 신남역도 들어섰다. 김유정은 첫 소설집을 보지 못했고 김유정역에도 들어가보지 못한 셈이다. 80여 년이 지난 춘천에는 여기저기 김유정이 가득하다.

　요즘도 글을 쓰다 지치면 김유정 문학촌을 찾는다. 그때마다 열여덟 가을 글을 썼던 자리를 가늠했다. 하지만 번번이 찾을 수 없었다. 여긴가 싶어 올려다보면 저쪽인 것 같았고 김유정역 쪽으로 시선을 틀면 그때와 달랐다. 나중엔 어느 자리여도 괜찮을 것 같았다. 그저 글을 썼던 기억을 짐작해보는 것만으로도 충분했다. 어떨 땐 또렷한 실체보다 흔적이나 자국이 더 강렬하다. 김유정 문학촌처럼.

　다음에는 봄봄 마을버스를 타고 김유정 문학촌에 갈 것이다. 그때 다시 글을 썼던 자리를 더듬어볼 생각이다. 여전히 찾지 못한다 해도 괜찮다.

⋯⋯ 더 보기 : 김유정 문학촌 주변 둘러보기 ⋯⋯⋯⋯

- **김유정문인비** : 김유정이 세상을 떠난 지 30여 년쯤 지난 1968년 5월 29 일 소설가의 문인비로는 전국에서 최초로 세워졌다. 김유정을 기리는 첫 번째 조형물로 평소 즐겨 쓰던 펜촉에서 따온 모양이라고 전해진다. 의암호가 내려다보이는 자리는 김유정이 고향을 떠나기 전 마지막으로 밤낚시를 하던 장소이기도 하다. 공지천 조각공원과 춘천문학공원에서 는 김유정문학비도 볼 수 있다.

- **강촌레일바이크** : 70여 년을 달려온 경춘선 기차는 멈췄지만 이제 그 위 로 레일바이크가 다닌다. 북한강을 따라 예전 철길을 달리다 보면 세월 이 흘러도 변치 않고 남아준 풍경을 볼 수 있다. 옛 강촌역에 도착해 오 래전 추억을 떠올리는 사람들이 많다. 1995년 암벽 붕괴로 생기는 낙석 사고 때문에 만들어진 피암터널에는 기둥마다 낙서가 빼곡하다. 안타까 운 첫사랑, 청춘을 향한 열망, 사랑과 우정의 영원을 비는 목소리가 그 시절 정서를 고스란히 보여준다.

- **책과 인쇄 박물관** : 신라시대부터 내려온 우리나라 인쇄문화를 접할 수 있는 사립박물관이다. 전국에서 수집된 다양한 인쇄 기계와 고서를 보 다 보면 우리나라가 세계 최초로 금속활자를 쓴 나라라는 사실을 되새 기게 된다. 지금 쓰이지 않는 인쇄 기계와 사라진 책들에서 시간의 흐 름이 만져진다. 예전 방식의 인쇄를 직접 체험해볼 수도 있다. 박물관을 위에서 살펴보면 곱게 접은 쪽지 모양이라고 한다. 그래서 꼭 쪽지 안에 쓰인 정갈한 문장을 만나고 온 듯한 느낌을 준다.

25 캠프페이지

춘천시민의 품으로 돌아온 미군기지

김유정문학촌에서 봄봄 마을버스를 타면 낭만시장까지 올 수 있다. 버스환승센터에 내리면 낙원문화공원 뒤로 낯선 모습이 보인다. 전망대 같기도 하고 공장의 일부처럼 보이기도 한다. 약사리고개에서 교차로를 지나 중앙초등학교 방향으로 가면 더 가까이 볼 수 있다. 예전에는 철조망으로 둘러싸여 들어갈 수 없었지만 지금은 근처까지 가볼 수 있다. 캠프페이지 안에 있던 물탱크다.

그 아래에 서면 불꽃놀이가 떠오른다. 예정에 없던 불꽃놀이였다. 아무리 생각해봐도 그날은 아무 날도 아니었다. 키가 작았던 나는 건물 뒤로 불꽃 끄트머리만 겨우 볼 수 있었다. 그나마도 잠깐이었다. 잠시 환해졌다 다시 깜깜해지는 게 전부였다. 제자리에서 힘껏 뛰어 봤지만 소용없었다. 같이 뛰던 동네 형에게 왜 불꽃놀이를 하는지 물어봤다. 형은 조금도 흐트러지지 않았다.

"오늘이 미국 명절이거든."

"근데 왜 춘천에서 불꽃놀이를 해?"

형은 아무 말도 하지 않았다. 얼굴에 얼룩덜룩한 빛이 얹혀 표정은 알아볼 수 없었다. 아무래도 모르는 눈치였다. 이유는 얼마 지나지 않아 알게 되었다.

세탁소 안으로 들어온 외국인

아버지는 물러서지 않았다. 뒤에 섰던 나는 뒷걸음질 치다가 벽에 바짝 붙어 섰다. 처음에는 그림자가 성큼성큼 들어오는 줄 알았다. 그림자는 세탁소를 가득 메우고 나서야 멈췄다. 구부정한 자세로 고개는 반쯤 숙였다. 그래도 아버지보다 적어도 두 배쯤은 커 보였다. 재봉틀과 다리미를 지나친 시선은 아버지 얼굴에 머물렀다. 아버지는 웃었다고 했지만 내 기억에 입술을 깨물고 있었다. 눈이 마주치자 목소리가 건너왔다. 벽돌이나 나무가 하는 말처럼 들렸다.

태어나서 처음 보는 흑인이었다. 흑인 아저씨는 뭔가 열심히 설명했다. 화난 것 같으면 슬쩍 웃었고 좋은 일이 있는 건가 싶다가도 순간 한숨을 내쉬었다. 그럴수록 아버지는 알아들을 수 없어 고개를 갸우뚱했다. 웃음과 한숨도 그저 짐작일 뿐 분명한 건 아무것도 없었다.

아버지는 나가라고 하고 싶었지만 영어를 몰랐다. 오케이 정도는 할 수 있었지만 어느 틈에 해야 할지 가늠하기 어려웠다. 괜히 엉뚱한 질문에 대답하는 바람에 곤란을 겪을지도 몰랐다. 그때까지 아버지는 돌아서서 나를 힐끔거렸다. 나는 벽보다 표정이 없었을 것이다.

어느 순간 아버지 표정이 밝아졌다. 아는 단어가 튀어나왔기 때문이다.

"……드라이클리닝……"

아버지는 놓치지 않고 오케이라고 외쳤다. 아저씨 표정이 얼마간 느슨해졌다. 그제야 나도 벽에서 한 발자국 떨어져 나왔다. 날짜를 정하는 일은 수월했다. 아버지는 달력에서 다음날을 가리켰고 아저씨는 고개를 끄덕였다. 그리고 요금표에서 제일 위쪽을 가리켰다. 아저씨는 요금표에 있는 금액을 다리미판에 올려놓았다. 아버지는 한층 부드러워진 발음으로 오케이라고 할 수 있었다. 아버지는 숫자만이라도 전 세계가 공통으로 써서 다행이라고 생각했다.

웅크렸던 어깨를 늘어뜨릴 쯤 밖으로 나서던 아저씨가
돌아섰다. 한참 낮아진 시선은 내 콧등쯤 머물렀다. 순간 시
간이 멈춘 것 같았다. 아저씨가 초콜릿을 내밀고 나서야 시
간은 다시 느릿느릿 흘렀다. 엄마와 함께 갔던 양키시장에
서 만지작거리다가 내려놓았던 초콜릿이었다. 크고 두툼해
서 한손으로 다 잡을 수도 없었던 초콜릿.

아저씨가 더 다가왔다. 표정을 고민할 틈도 없이 초콜릿
을 쥐어줬다. 내 몸이 쏙 파묻힐 것 같았던, 큼지막한 손이
었다. 겨우 올려다봤을 때 나는 숫자뿐 아니라 미소도 전 세
계가 공통으로 쓰지 않을까 생각했다. 아저씨는 짧은 목소
리를 발자국처럼 남겨두고 세탁소를 떠났다.

"헬로."

'헬로'가 초콜릿 이름인 줄 알았다. 매번 초콜릿을 받으면
서 나는 한 번도 제대로 대답하지 않았다.

그날 이후 세탁소에는 미군들이 찾아왔다. 언제부턴가
미군들도 찾는 세탁소로 불렸고 그 소리에 아버지는 얼마간
으스댔다. 미군이 "드라이클리닝!" 하면 아버지는 달력과
요금표를 차례차례 가리켰다. 그럼 그들은 돈을 내놓고 나

갔다. 아버지 동작은 군인처럼 각이 잡혀갔다. 그때마다 나는 뒤에 숨어 미군을 힐끔거렸다. 들어갈 수 없는 땅에서 온 사람이라는 생각은 호기심을 부추겼다.

잿빛 벽에 가리워진 금단의 땅

춘천에는 아무나 들어갈 수 없는 땅이 있었다. 산이 많은 춘천에서 보기 드물게 봉의산 앞에 넓게 펼쳐진 뜰에 있던 캠프페이지였다. 후평동이 뒤뜰이라 뒤뚜르라고 불렸다면 캠프페이지가 있던 자리는 앞뜰이라 앞뚜르라고 불렸다. 이는 전평리(前坪里)라는 예전 이름에서도 알 수 있다.

잿빛 벽은 높았다. 벽 위에는 날카로운 철조망이 위협처럼 눈을 흘겼다. 벽에는 틈이 없어 안이 보이지 않았다. 그저 비죽 솟은 물탱크만 알아볼 수 있었다. 빨간색과 흰색이 교차하는 무늬에 희미하게 캠프페이지라고 적혀 있어 무채색 도시 어디서든 눈에 들어왔다. 벽에 귀를 대보면 낯선 소음이 들렸다. 맹수 울음 같기도 했고 무언가 부수는 소리인 것도 같았다.

입구에는 단단해 보이는 철문이 있었다. 조금 떨어진 자리에서 미국 국기가 펄럭였다. 그 앞을 미군들이 어슬렁거렸다. 가까이 가면 허리를 꼿꼿하게 세우고 날카로운 눈빛으로 딱딱한 목소리를 냈다. 영어로 써진 큼지막한 안내판과 그 위에 새겨진 알 수 없는 그림처럼 분명한 경고였다. 세탁소에 들어선 미군들은 철문 뒤에 있었다.

캠프페이지 근처 아이들은 시계가 없어도 저녁때를 알 수 있었다. 6시마다 진행되는 태극기와 성조기의 하기식에서 울려 퍼지는 소리 때문이었다. 10시 취침을 알리는 소리에 맞춰 자기도 했다. 어렸을 때 나는 그곳이 미국인 줄 알았다가 나중에야 미군부대라는 걸 알았다. 불꽃놀이가 있던 날은 미국 독립기념일이나 추수감사절쯤이었을 것이다.

캠프페이지는 1954년 체결된 한미상호방위조약에 따라 근화동과 소양동에 걸쳐 들어선 주한미군기지다. 원래 농사를 짓던 평평한 땅이었지만 한국전쟁 당시 미군 비행장 건설로 통제되고 미군 제4미사일사령부와 군사고문단이 주둔하던 것이 시작이었다. 1958년 1월 일본에 있던 제100야전포병대대가 춘천으로 옮겨온 것을 시작으로 보는 입장도 있다.

59만㎡ 면적을 철조망으로 에워싸고 그 안에 천막으로 만든 수백 개의 막사가 들어왔다. 활주로와 비행장이 만들어지면서 막사는 콘크리트 건물로 보수했다고 한다. 1958년 미국 독립기념일인 7월 4일, 부대 이름은 제4유도탄기지사령부에서 캠프페이지로 바뀌었다. 장진호전투에 참가해 명예훈장을 받은 '존 U.D. 페이지'에서 따왔다고 알려져 있다.

이후 캠프페이지는 1983년 5월 5일 중국 민항기 불시착 사건으로 주목받았다. 중국 선양에서 승객 96명과 승무원 9명을 태운 민항기는 상하이로 향하던 중이었다. 그때 무장 승객 9명이 한국으로 방향을 바꿀 것을 요구하면서 사건이 벌어졌다. 외국 기자도 춘천을 방문하면서 '춘천'이라는 지

춘천문화원 제공

캠프페이지에 불시착한 중국 민항기 1983년에 있었던 중국 민항기의 불시착은 한국과 중국의 외교에 영향을 준 사건이었다.

명이 전 세계에 오르내렸다. 뿐만 아니라 숙식을 맡았던 세종호텔과 소양호텔, 분식집 왕짱구, 중식당 희래등도 언론에 등장했다. 위치가 달라졌거나 외관의 변화로 정확하진 않지만 세종호텔, 왕짱구, 희래등은 여전히 춘천에 남아 있다.

당시 한국과 중국은 외교를 맺지 않은 시기였다. 중국으로서는 1949년 중화인민공화국 건국 이후 처음 있던 사건이라 이 일은 외교적으로 큰 영향을 끼쳤다고 한다. 결국 간접 교섭 방식으로 협상에 나서 외교 각서가 오가면서 양국이 정식 국호를 썼다. 이 과정에서 한국과 중국의 교류가 시작되었고 1992년 8월 24일 정식 수교의 발판이 되었다.

캠프페이지와 춘천 사이

캠프페이지는 춘천 사람들 일상에 깊이 파고들었다. 판잣집을 중심으로 형성된 기지촌에는 전쟁 후 가난과 굶주림이 가장 선명하게 드러났다. 비슷한 시기에 생긴 중앙시장에는 캠프페이지에서 나온 미제 물건을 중심으로 양키시장이 들어섰다. 당시 춘천역 앞은 캠프페이지 벽으로 막혀 있어 화창한 날에도 우중충했다.

지명에도 영향을 미쳤다. 요선동 사창고개는 곡식을 쌓

아두던 곳이라 사창(社倉)이었다. 하지만 캠프페이지 근처라 사창(私娼)으로 불리기도 했다. 실제로 캠프페이지가 들어서면서 춘천역 주변에는 난초촌이라 불리는 집창촌이 형성되었다. 그래서 어른들은 아이들에게 춘천역 근처나 캠프페이지 쪽에 가지 않도록 주의를 줬다. 이런 배경 때문인지 당시 근처 근화초등학교 전교생 700명 중 10명 정도가 혼혈아였다고 전해진다.

1957년 외출과 외박이 허용되면서 캠프페이지 근처 사창고개는 여가를 즐기려는 미군들로 시끌벅적했다. 소양로 3가와 낙원동에 걸쳐 있는 사창고개 일대는 럭키숍, 마이크숍, 찰리슈즈처럼 군용물품과 미제물건을 파는 가게부터 레인보우나 세븐클럽 같은 낯선 이름을 단 간판으로 번쩍였다. 지금은 영어 간판을 흔히 볼 수 있지만 당시에는 낯선 풍경이었다. 그중에는 외국인만 드나들 수 있는 특수 유흥 음식점으로 분류돼 주류세를 면제받는 곳도 많았다.

한때 춘천 내 미군 전용 클럽은 열 곳이 넘었다. 그중 세븐클럽이 있던 건물은 지금도 캠프페이지가 있던 자리 앞에 남아 있다. 1970년대 초 박정희 전 대통령이 이곳을 방문했을 때 근처에 판자촌만 있으면 미군들이 돌아가 우리나라를 어떻게 설명할지 걱정했다고 한다. 대통령의 지시에 따라 춘천시장이 은행 융자를 받아 지은 콘크리트 건물이 세븐클럽이었다. 최근 춘천고등학교 앞에서 40여 년 동안 수제 햄버거를 팔던 진아하우스가 이곳으로 이전해 영업을 이어나가고 있다.

당시 캠프페이지에서 일하는 한국인은 1,000여 명에 이르렀다고 전해진다. 잡일을 하는 하우스보이의 수입이 교장 선생님보다 세 배쯤 많았다고 기억하는 이도 있다. 그래서 인근 술집에서는 캠프페이지에서 일한다고 하면 외상으로 술을 내줬다는 얘기도 있다.

캠프페이지, 사창고개와 멀지 않던 명동에서도 미군들을 어렵지 않게 볼 수 있었다. 하지만 어느 순간 미군들은 자취를 감췄다. 흑인 아저씨도 보이지 않았다. 마지막으로 세탁소에 들어섰을 때는 초콜릿 다섯 개를 한꺼번에 주고 갔다. 그날은 '헬로'보다 더 긴 이야기를 했다. 돌이켜 보니 작별인사였던 것 같다.

캠프페이지는 2005년 폐쇄되었다. 미군들로 붐볐던 사창고개는 순식간에 색을 잃고 냉기가 돌았다. 앓던 이가 빠진 것처럼 후련하다는 이도 있었고 불안해하거나 밝은 미래를 꿈꾸는 쪽도 있었다.

캠프페이지를 바라보는 다양한 시선

캠프페이지를 걸림돌로 보는 시선이 많았다. 주변 4km 이
내 45m이상 건물을 지을 수 없는 등 개발이 제한되었기 때
문이다. 그래서 춘천 발전이 균형 있게 이뤄지지 못했다고
보기도 했다.

헬리콥터와 사격으로 발생한 소음도 심했다. 주민들 이
야기에 따르면 전화 통화는 물론 텔레비전도 제대로 볼 수
없을 정도였다. 이착륙 시 발생하는 날 선 바람은 지붕까지
훼손했다. 그래서 2000년 12월 주한미군 사령부에서 사격
훈련으로 인한 시민들의 피해에 사과하는 일도 있었다. 이
후 춘천시민연대의 의뢰로 인도주의실천의사협의회에서
2001년 11월 캠프페이지 근처의 피해를 파악했다. 그 결과
주변 근화초등학교 학생들이 겪은 불편이 드러나기도 했다.

도심 가까이 있다 보니 교통에도 어려움이 있었다. 가로
질러 가면 빠를 길을 돌아서 가야 할 경우도 잦았다. 춘천역
에서 도심까지 멀었던 사정도 여기에 있었다. 미관상의 문
제를 지적하는 이들도 적지 않았다.

반미감정이 심각해지면 명동뿐 아니라 캠프페이지 앞에서도 집회가 열렸다. 2000년대 이후 미군들의 활동이 부대 주변에서 강원대학교 후문, 석사동으로 넓어지면서 경찰은 대학생과의 충돌을 우려하기도 했다.

한편 캠프페이지가 있어 전쟁 공포를 덜 수 있었다고 보는 이들도 있다. 주변에 상권이 형성되면서 외지인까지 몰려 조용하던 농촌마을이 들썩이기도 했다. 미군이 줬던 도움은 소비생활에 그치지 않았다. 전쟁고아들을 보살폈고 가뭄이면 우물을 파주거나 양수기로 물을 대줬다. 1951년 6월 28일 전쟁으로 무너진 보육시설 애민원을 다시 세우는 데도 힘을 보탰다. 1962년 5월 춘천과 홍천 사이 도로를 정비할 때는 미군들이 불도저를 끌고 나온 덕분에 빠르게 끝날 수 있었다. 그때 춘천 사람들은 불도저를 처음 봤다고 한다.

'알랑미'로 지은 쌀밥을 먹을 수 있었던 것도 미군 덕분으로 기억하는 이들이 많다. 미군이 캠프페이지에서 나온 음식물을 드럼통에 담아 나눠줬다는 이야기도 전해진다. 더불어 페니실린과 항생제 같은 의료품으로 전염병 예방에 앞장섰고 영어교육에도 힘썼다.

캠프페이지 이전으로 바뀐 풍경

다양한 시선이 얽혀 있던 캠프페이지는 2013년부터 다르게 읽혔다. 6월 8일 캠프페이지를 둘러싼 벽이 허물어졌기 때문이다.

앞서 2001년 4월 시민단체들은 '우리 땅 미군기지 되찾기 춘천시민모임'을 만들며 반환운동을 시작했다. 같은 해 5월 춘천시의회는 대책위원회를 구성하고 이전과 보상 문제를 본격적으로 다뤘다. 5월 7일 캠프페이지 앞에서 1인 시위가 이어졌고 명동에서도 집회가 열렸다. 2004년 7월 주한미군기지이전계획이 발표되면서 기대감은 한껏 고조됐다. 이후 2005년 3월 캠프페이지는 폐쇄됐고 8년간 환경정화작업을 거쳐 시민들에게 개방됐다. 그사이 2012년 춘천시와 국방부 계약이 이뤄지면서 2016년 춘천시는 국방부로부터 67만㎡에 이르는 캠프페이지를 매입했다. 이제 춘천 사람들이 들어갈 수 없는 땅은 없어졌다. 캠프페이지가 춘천에 들어선지 60여 년 만의 일이었다.

그동안 춘천은 경춘선복선전철이 개통되고 서울춘천고속도로가 생기는 등 많은 변화를 겪었다. 그 과정에서 캠프페이지는 춘천역과 도심을 잇는 중요한 자리가 되었다. 도심에 그만한 넓이의 평평한 땅을 찾기 어렵다 보니 춘천 사람들의 시선과 기대가 한꺼번에 쏟아졌다. 공항이나 대형백화점이 들어설 거라고 하는 이도 있었다. 활용방안에 대한 다양한 의견이 오갔지만 결정은 더뎠다. 지리적으로 중요한 위치인 만큼 미래의 춘천에 미칠 영향이 크기 때문이다.

그동안 춘천시청 신축 부지나 강원도청 신축 부지로 거론되기도 했다. 1957년에 지은 춘천시청은 2003년 신축 얘기가 오간 이후 캠프페이지를 유력한 후보로 거론했지만 이전에 따른 도심상권 균열에 대한 우려가 높아 원래 있던 자리에 신축했다. 그 외 춘천역사박물관, 시민커뮤니케이션센터, 음악분수 등의 건립이 주목받기도 했다.

많은 사람들이 모든 가능성을 열어 두고 살피다 보니 입장 차는 쉽게 좁혀지지 않았다. 선거 때마다 캠프페이지에 대한 구상은 춘천 사람들의 중요한 관심사였다. 2016년 여가시설을 결합한 시민공원으로 조성한다는 계획안이 나왔지만 의회와 시민단체에서 운영비와 춘천의 성격과 맞지 않는다는 점을 문제 삼았다. 이후 140여 개의 시민단체를 돌며 설명회를 진행하고 여론조사와 전문가 의견 수렴을 거쳐 2018년 수정안이 나왔다. 다시 주민공청회를 거쳐 시민복

캠프페이지의 현재 모습 위 사진 속 멀리 보이는 의암호와 아파트단지 사이 텅빈 공터가 캠프페이지가 있던 자리다. 아래 사진 좌측에는 비행기격납고를 리모델링한 봄내체육관이 있다. 우측에 보이는 물놀이 시설(꿈자람물정원)은 미군부대의 물탱크를 개조하여 만든 것이다.

합공원 계획은 마무리 단계에 들어선 상태이다.

그 사이 캠프페이지에는 주말농장이 들어서기도 했고 영화 '군함도'의 세트장으로도 쓰였다. 축제장으로 사람들을 맞이했고 꿈자람어린이공원을 통해 아이들이 마음껏 뛰어놀 수 있는 공간이 되기도 했다. 비행기격납고는 리모델링을 통해 봄내체육관으로 만들어졌다. 어디서나 눈에 들어왔던 물탱크는 대형물놀이시설과 수영장, 워터 터널로 구성된 꿈자람물정원으로 탈바꿈했다. 2016년 개장해 1년 만에 5만여 명이 찾을 정도로 춘천 사람들의 발길이 이어졌다. 2020년에는 조종사 숙소를 리모델링한 육아종합지원센터가 문을 열었다. 2021년에는 미세먼지 차단 숲이, 2022년에는 창작종합지원센터도 조성될 예정이다.

다시 한번 건네고 싶은 인사

세탁소에 들어섰던 아저씨는 상상이나 했을까.

물탱크가 물놀이 시설이 되고 비행기격납고가 체육관이되고 군용장비가 늘어섰던 자리가 아이들이 뛰노는 공원이될 것을. 춘천 사람들 중 허락받은 일부만 드나들 수 있던 땅에 누구나 들어설 날을.

아저씨를 다시 볼 수 있다면 캠프페이지 위에 생길 숲에서 만나고 싶다. 의사소통 수단에 목소리만 있는 게 아니라 눈빛, 미소, 손짓도 있다는 건 순전히 아저씨 덕분에 깨달았다. 매번 건네줬던 초콜릿은 이제 마트에서도 쉽게 구할 수 있다. 하지만 같은 초콜릿인데도 그때만큼 달콤하진 않다. 크기나 포장이 달라져서 그런 건 아니다. 그 위에 인사를 건네는 목소리와 미소가 얹히지 않았기 때문이다.

아저씨가 대답 없는 인사를 빠짐없이 전해준 덕분에 그 시절이 조금 더 달콤할 수 있었다. 이제 아저씨 미소에 어떤 표정을 지어야 할지 알 것 같다. '헬로' 위에 벽보다 차가운 표정이 아니라 아저씨보다 진한 미소를 덧대고 싶다. 하지만 한번 놓친 미소는 다시 돌아가 지을 수 없다는 걸 알 만큼 시간이 흘렀다.

그 시간을 지나 캠프페이지 뒤에는 2010년 12월 경춘선 복선전철 운행과 함께 새로운 춘천역이 들어섰다. 그쪽에서 바람을 타고 어렴풋하게 물소리가 들려온다. 춘천역 뒤에는 여전히 소양강과 북한강이 만나 흐르고 있다. 춘천의 또 다른 시작도 그쯤이 좋을 것 같다.

우리의 걸음은 어느새 선명해진다.

대한민국 도슨트 ·춘천 인문 지도
명동 주변

2 소양강 처녀상 : 춘천을 대표하는 국민가요의 감성과 소양강 스카이워크의 짜릿함을 느낄 수 있다.

3 명동 : 춘천에서 가장 활기가 넘치고 번화한 거리

4 닭갈비골목 : 50년 전통의 원조 춘천닭갈비집이 즐비한 골목

5 청구서적 : 춘천시민의 만남의 장소였던 청구서적이 있던 자리. 현재는 생활용품점이 있다.

6 경춘서점 : 60여 년 동안 헌책방이었던 자리에 생긴 일식집

7 피카디리 : 폐관한 춘천 최초의 현대식 극장이 옛 시간을 품고 남아 있는 곳

8 육림극장 : 춘천 사람이라면 누구나 영화한 편 봤을 춘천에서 가장 큰 극장. 2006년 폐관 후 간판만 남아 있다.

9 육림고개 : 오래된 시장과 트렌디한 상점들이 자연스럽게 얽혀 있는 곳

10 낭만시장 : 60년 넘은 노포들이 즐비한 춘천에서 가장 오래된 전통시장

11 죽림동성당 : 본당 설립 후 100년이 흐른 한국 가톨릭 미술의 보고

12 망대골목 : 화재와 재소자를 감시하던 망대를 품은 골목

13 축제극장 몸짓 : 매달 새로운 공연이 펼쳐지는 국내 유일 마임 전용 극장

14 에티오피아 한국전 참전 기념관 : 먼 곳까지 달려와준 에티오피아 참전 군인들의 희생을 기리고 국내 최초 원두커피 전문점에서 에티오피아 커피 향을 음미해 볼 수 있는 곳

22 봉의산 : 정상에 오르면 사방에 펼쳐진 춘천을 조망할 수 있는 춘천의 진산

23 춘천혈거유지 : 신석기시대부터 춘천 땅에 살았던 사람들의 흔적이 남아 있는 곳

25 캠프페이지 : 춘천시민을 위한 공원으로 새단장 중인 폐쇄된 미군기지 터

춘 천

20 청평사 북산면

1 소양강댐 소양호

19 옥광산

동면

1 소양강댐 : 동양 최대의 사력댐이 품은 가장 춘천다운 풍경

15 상상마당 춘천 : 옛 어린이회관의 흔적을 고스란히 간직하고 있는 복합문화공간

16 중도 : 청동기시대 거대 유적과 레고랜드 개발 계획이 충돌하고 있는 논란의 섬

17 우두온수지 : 들판 끝 소양강 물을 데우는 저수지의 따뜻한 온기를 느낄 수 있는 곳

18 춘천막국수체험박물관 : 춘천의 대표 음식인 막국수에 대해 알아보고 막국수를 직접 만들어볼 수도 있다.

19 옥광산 : 세계 유일의 옥을 캐는 광산. 여름이라면 시원한 옥동굴체험장에서, 겨울이라면 따뜻한 옥광산찜질방에서 옥을 직접 느낄 수 있다.

20 청평사 : 배를 타고 찾아가야 만날 수 있는 천년 고찰

21 후평동 버스 종점 : 거의 모든 춘천 시내버스의 목적지이자 출발지

24 김유정 문학촌 : 소설가 김유정의 문학 세계에 푹 젖을 수 있는 곳

323

대한민국 도슨트 • 춘천 연표

973	1413	1920	1930	1951
백암선원(청평사) 조성	'춘천' 지명이 처음 등장	죽림동성당의 모체인 곰실 공소 독립	춘천극장 개관	에티오피아 한국전쟁 파병

1968	1969	1970	1973	1974
5월 에티오피아 참전기념비 완공 **11월** 이디오피아집 개점	춘천공업단지 조성	**10월** '소양강 처녀' 수록 음반 발매	**10월** 소양강댐 준공	**2월** 옥광산의 옥 채취 시작 우두온수지 조성

2005	2006	2007	2010	2011
11월 8일 소양강 처녀상 건립 캠프페이지 폐쇄	육림극장 폐관 의암호에 '자연의 생명' 설치 **4월** 청구서적 폐점	**3월** 에티오피아 한국전 참전 기념관 개관	**5월** 축제극장 몸짓 개관 중앙시장의 명칭을 낭만시장으로 변경	제1회 춘천이디오피아길 세계커피축제 개최 중도 레고랜드 설립 계획 발표 피카디리 극장 폐관

1954	1956	1964	1965	1967
경춘서점 개점 중앙시장 개설	춘천극장이 소양극장으로 개관 **6월** 죽림동성당 완공 	청구서적 개점	**2월** 춘천댐 준공 	**11월** 의암댐 준공 육림극장 개관

1980	1986	1989	2002	2004
5월 24일 강원어린이회관 개관	중도유원지 개장	제1회 마임페스티벌 (춘천마임축제) 개최	김유정 문학촌 개관 	**12월** 신남역의 명칭을 김유정역으로 변경 춘천과 아디스아바바 자매결연 체결

2013	2015	2016	2017	2018
캠프페이지 개방 **4월** 상상마당 춘천 개관 	육림고개에 막걸리촌특화거리 조성	**7월** 소양강 스카이워크 개장	육림고개 청년몰 조성사업	**9월** 에티오피아문화제 개최

참고 자료

강수경, 「겨울, 춘천에서 만난 에티오피아 황실커피①」, 〈천지일보〉, 2016. 12. 15.

강원일보, 「봉의산 중턱 순의비 앞에 앉아 바라본 춘천은 평화로웠다」,
   〈강원일보〉, 2013. 8. 8.

고경희, 고규홍, 박민수 외, 『춘천 문화유산답사기』, 한림대학교 언론정보학부,
   2007.

국토지리정보원, 『한국지명유래집 : 중부편』, 진한엠앤비, 2015.

권혁진, 『역사와 문화 찾아 두 바퀴로 그리는 춘천호수길』, 춘천문화원, 2015.

권혁진, 『춘주열전2』, 춘천시립도서관, 2017.

김길소, 『그때 그 사건』, 춘천시, 2020.

김서영, 「12월 26일 춘천에서 옥이 난다고?」, 〈경향신문〉, 2018. 12. 25.

김영기, 『춘천의 지명 유래』, 춘천문화원, 1993.

김정운, 「봉의산 자락 아래 펼쳐진 춘천의 중심가」, 〈춘천사람들〉, 2017. 1. 2.

김정호, 「봄내골 역사수첩 ①-춘천 영화관 이야기」, 〈봄내〉, 2017년 1월호.

김정호, 「봄내골 역사수첩 ⑦-춘천 서점 이야기」, 〈봄내〉, 2017년 7월호.

다큐인포, 『부끄러운 미군문화 답사기』, 북이즈, 2004.

문승욱, '망대', 골든타이드픽처스, 2015.

문화체육관광부, 「마임이스트 유진규와, 가장 솔직한 육체예술이야기」, 2013. 4. 1.

박종인, 「호수에 봄이 내렸습니다」, 〈조선일보〉, 2016. 4. 6.

박찬일, 최수철, 한명희 엮음, 『춘천, 마음으로 찍은 풍경』, 문학동네, 2009.

뿌리 깊은 나무, 『한국의 발견 강원도』, 1983.

신정일, 『신정일의 새로 쓰는 택리지1 : 살고 싶은 곳』, 다음생각, 2012.

신정일, 『신정일의 새로 쓰는 택리지8 : 강원도』, 다음생각, 2012.

심창섭, 『춘천의 기념비』, 춘천시, 2020.

오홍석, 『땅 이름 점의 미학』, 부연사, 2008.

유현옥, 『춘천의 근대거리를 거닐다』, 문화통신, 2015.

윤영활, 『청평사』, 대원사, 2009.

이명묵, 『지금 우리는 경춘선을 탄다』, 인간과복지, 1997.

이상학, 「탄생 50주년 맞는 '호반의 도시' 춘천」, 〈연합뉴스〉, 2017. 11. 18.

이재수, 『나, 춘천 살아요』, 문화통신, 2014.

정성원, 「'막'만들어 '막'먹는 맛, 막국수는 이 맛이지!」, 〈조선일보〉, 2018. 8. 24.

춘천시, 『호수도시 춘천 이야기-그리움에 이유가 있을까』, 2009.

춘천시립도서관, 『춘주 마실과 이야기』, 2014.

춘천시립청소년도서관, 『문득 그리움, 춘천 그 안과 밖』, 2017.

한국문화유산답사회, 『답사여행의 길잡이9 : 경기북부와 북한강』, 돌베개, 1997.

황병훈, 「막국수의 '막'은 어떤 뜻일까?」, 〈봄내〉, 2019년 6월호.

대한민국 도슨트
한국의 땅과 사람에 관한 이야기

D

다시, 한국의 땅과 한국 사람에 관한 이야기를 시작하다

이중환의 『택리지』, 김정호의 『대동지지』, 뿌리깊은나무 『한국의 발견(전 11권)』(1983)은 시대별로 전국을 직접 발로 뛰며 우리의 땅과 사람, 문화를 기록한 인문지리지들이다. 이 선구자들이 있었기에 우리는 오늘날까지 스스로를 보다 잘 이해하고 발전시켜올 수 있었다.

기록되지 않는 것은 시간이 흐르면 사라진다. 특히 정규 교과에서 깊이 다루지 않는 1970~80년대 이후의 한국은 젊은 세대에게는 미지의 영역이나 다름없다. 대한민국 도슨트 시리즈는 더 늦기 전에 한국의 오늘을 이야기하고자 한다.

하나의 지역이 한 권의 책으로

각 지역의 고유한 특징을 깊이 있게 담아내고자 독립된 시·군

328

단위를 각각 한 권의 책으로 기획했다. 그리고 목차는 답사하기 좋도록 대표적인 장소 중심으로 구성하였다. 오래된 문화유산과 빼어난 자연환경은 물론, 지금 가장 활발하게 움직이는 곳이나 역동적으로 태동 중인 곳들도 담아내려고 노력했다.

이들 장소에는 그곳을 거쳐간 수많은 사람들의 기억과 경험이 누적되어 있다. 그것들을 살려내 가급적 쉬운 언어로 풀어내고자 애썼다.

지역의 시선이 고스란히 담긴 특별한 안내서

각 지역의 도슨트는 해당 지역에 거주하거나, 지역과 깊은 연고가 있는 분들이다. 오랫동안 가까이에서 지역의 변천사를 지켜봐온 저자들이 유의미한 공간들을 찾고 고유한 이야기를 풀었다. 이 시리즈가 지역의 거주민들과 깊이 있는 여행을 원하는 이들 모두에게 새로운 발견과 탐구의 출발점이 되었으면 한다.

대한민국 도슨트 시리즈 목록

01 속초 근대 이후 속초는 어느 도시보다 빠르게 변화했다. 그 변화는 현재도 진행 중이다. 실향민의 도시에서 가장 트렌디한 도시로.
김영건 지음

02 인천 인천은 미지의 세계를 향해 처음으로 문을 연 용기와 모험의 도시다. 이 흥미로운 도시는 그 자체가 연구해야 할 거대한 텍스트이다.
이희환 지음

03 목포 목포는 모두에게 다른 의미의 도시다. 서해 남쪽바다에서 내륙으로 통하는 길목에 위치한 이 작은 도시는 한국사에서 단 한 번도 중요하지 않은 적이 없었다.
최성환 지음

04 춘천 낭만적인 도시로 한정 짓기에는 춘천의 켜가 너무 많다. 여행객이 바라보는 풍경 이면의 진짜 춘천을 읽다.
전석순 지음

05 신안 총 1,025개의 섬으로 이루어진 섬들의 천국. 이 천국에는 우리가 지켜내야 할 것이 너무 많다.
강제윤 지음

06 통영 통영은 늘 사람들을 불러들인다. 지방의 소도시 중 통영만큼 외지인을 끌어당기는 도시도 드물다.
이서후 지음

07 진주 천년 동안 경남의 중심 도시였던 진주의 시간은 지금도 꾸준히 흐른다. 이제 진주의 오늘을 기억할 시간이다.
권영란 지음

08 해남 땅끝마을 해남은 드넓다. 지도를 뒤집으면 해남은 한반도의 시작점이다.
이주빈 지음

09 포항 한국 현대사의 중추 역할을 한 도시. 철강에 가려진 진짜 포항은 동해바다만큼 흥미롭고 역동적이다.
홍성식 지음

10 군산 군산의 시간은 꿈틀거린다. 근대가 남긴 이 도시의 유산들은 더 이상 지난 과거가 아니다.
배지영 지음

11 고창 이름부터 높고 시원한 이 도시는 선사시대부터 힘 있는 역사를 쌓아왔다. 수많은 문화유산을 보유한 우리 역사의 교과서이다.
이대건 지음

12 대전 대전은 재미가 없다. 다르게 말하면 우리가 그만큼 대전을 모른다는 의미다. 한밭 위에 폭발적으로 늘어난 이곳 사람들의 이야기는 재미없을 수가 없다.
이용원 지음

13 정선 광부의 눈물을 딛고 일어선 도시 정선. 아리랑 속에는 이 도시의 모든 역사가 담겨 있다.
강기희 지음

* 대한민국 도슨트 시리즈는 계속 출간됩니다.
** 발간 순서는 사정에 의해 변경될 수 있습니다.

대한민국 도슨트 04

춘천

1판 1쇄 인쇄 2020년 4월 13일
1판 1쇄 발행 2020년 4월 23일

지은이 전석순
펴낸이 김영곤
펴낸곳 ㈜북이십일 21세기북스

키즈융합부문 대표 이유남
키즈융합부문 이사 신정숙
지역콘텐츠팀장 한아름
책임편집 조문경
외주편집 이현정
사진 전석순 스튜디오다흥
디자인 02정보디자인연구소
일러스트 윤아림
영업본부장 김창훈 영업1팀 임우섭 송지은 영업2팀 이경학 오다은 영업3팀 이득재 허소윤 윤송
제작팀 이영민 권경민

출판등록 2000년 5월 6일 제406-2003-061호
주소 (10881) 경기도 파주시 회동길 201(문발동)
대표전화 031-955-2100 팩스 031-955-2151 이메일 book21@book21.co.kr

(주)북이십일 경계를 허무는 콘텐츠 리더

대한민국 도슨트 채널에서 도서 정보와 다양한 영상자료, 이벤트를 만나보세요!
네이버오디오클립/팟캐스트 〈대한민국 도슨트〉
포스트 post.naver.com/travelstudy21
인스타그램 www.instagram.com/k_docent

> 이 책의 내용 중 오류나 잘못된 정보가 있을 경우 k_docent@book21.co.kr로 연락주세요.
> 독자 여러분의 지적 사항을 반영하여 지속적으로 수정·보완하겠습니다.